Weil i di mog

Deutsche Kultur

Die Drucklegung dieses Buches wurde ermöglicht durch
die Stiftung Südtiroler Sparkasse,
und durch die Südtiroler Landesregierung / Abteilung Deutsche Kultur.

BIBLIOGRAFISCHE INFORMATION DER DEUTSCHEN NATIONALBIBLIOTHEK
Die Deutsche Nationalbibliothek verzeichnet diese Publikation in der Deutschen
Nationalbibliografie; detaillierte bibliografische Daten sind im Internet abrufbar:
http://dnb.d-nb.de

2014 · Vierte Auflage
Alle Rechte vorbehalten
© by Verlagsanstalt Athesia AG, Bozen (2013)
Umschlagfoto: Fotolia
Fotos: Stefano Favaretto (12, 14, 18, 20, 24, 26, 30, 32, 38, 40, 44, 50, 56, 58, 60, 62, 64, 66, 68, 70, 72, 74, 76, 80, 82, 86, 90, 94, 96, 98, 120)
Toni Fiung (16, 22, 28, 34, 36, 46, 48, 52, 54, 78, 88, 92, 102, 104, 108, 110, 112, 114, 116, 118)
Maurizio Giorgi (110)
Design & Layout: Werbeagentur EGAL Graphics
Druck: Athesia Druck, Bozen

ISBN 978-88-8266-969-0

www.athesia.com
buchverlag@athesia.it

TONI FIUNG

Weil i di mog

Anregungen für
eine gelingende Partnerschaft

VERLAGSANSTALT ATHESIA | BOZEN

Inhaltsverzeichnis

Vorwort 7
Anregungen zum Lesen dieses Buches 8
Beziehungsgarten 11

Weil i di mog ...

... erinnere ich mich gerne an den Anfang 13
... brauche ich gemeinsame Zukunftsvisionen 15
... bin ich neugierig auf dich 17
... will ich deine Andersartigkeit respektieren 19
... will ich dir nahe sein 21
... bin ich gern mit dir zusammen 23
... zeige ich dir meine Wertschätzung 25
... zeige ich dir meine Zuneigung 27
... brauche ich Verbindlichkeit 29
... will ich mit dir verbunden sein 31
... liebe ich mich auch selbst 33
Meine Geschichte, deine Geschichte 35
Meine Familie, deine Familie 37
... habe ich keine Angst vor Veränderung 39
... will ich dir vertrauen 41
Der Tempel der tausend Spiegel 43
... will ich dir treu sein 45
... bin ich manchmal eifersüchtig 47
... habe ich mich verändert 49
Gemeinsamkeiten und Einzelinteressen 51
... will ich dich verstehen 53
... will ich mit dir reden 55
... will ich mich dir öffnen 57
... höre ich dir zu 59
... sage ich dir, was ich mir wünsche 61

… will ich nicht, was du willst	63
… will ich (nicht) mit dir streiten	65
… sprechen wir über das „liebe Geld"!	67
… mag ich klare Vereinbarungen	69
… sage ich dir, warum mir Sex wichtig ist	71
Unsere Sexualität verändert sich	73
… sind wir Eltern geworden	75
Eltern sein – Paar bleiben	77
Kein Paradies – ein PAARadies	79
… mag ich keinen Stress	81
… bin ich ent-täuscht	83
Die Reise der Liebenden	85
… bin ich für mein Glück selbst verantwortlich	87
… macht mir eine Krise nicht Angst	89
… will ich dir verzeihen	91
… bin ich dir wohlgesonnen	93
… sind wir ein gutes Team	95
… tue ich etwas für unsere Beziehung	97
Unser Geheimnis: Geben und Nehmen	99
Glücksmomente	101
… will ich mit dir genießen	103
… schenke ich uns Zeit	105
Der Korb mit den wunderbaren Sachen	107
… schätze ich unsere Rituale	109
… will ich dir zum Segen sein	111
… weiß ich, dass Gott sich mir in dir zeigt	113
… will ich mit dir glücklich sein	115
… finden wir gemeinsame Sinn- und Lebenswelten	117
Bei uns ist es leer geworden	119
… will ich …	121
Gutscheine	122
Verwendete Literatur	127

6

VORWORT

In der Begegnung mit Paaren, sei es bei einem Gespräch, bei einem Seminar oder in der Paarberatung, habe ich unter anderem folgende und ähnliche Sätze gehört: „Weil i di mog, möchte ich mit dir sein." – „Weil i di mog, bin ich von dir angetan." – „Weil i di mog, möchte ich nicht alles hinschmeißen."

Ich beobachte und spüre, wie sehr Paaren ihre Beziehung am Herzen liegt und wie sehr sie leiden, wenn es zwischen ihnen kalt und stumm geworden ist und eine gemeinsame Perspektive fehlt. Jetzt, nach langen Jahren meiner Erfahrung in der Paarbegleitung und -beratung, war es mir ein Wunsch, konkrete Impulse und Anregungen für eine gelingende Partnerschaft zu formulieren und sie in Form eines Buches zu veröffentlichen.

Ich habe es gewagt, sehr komplexe Themen einer Paarbeziehung kurz, prägnant und in einer einfachen Sprache wiederzugeben. Dabei habe ich mich an erfahrene Paartherapeuten (Hans Jellouschek, Martin Koschorke, Guy Bodenmann ...) angelehnt, die ich im Zuge meiner Aus- und Weiterbildung kennengelernt habe. Mir ist dabei bewusst geworden, dass in der Kürze und Kompaktheit der Texte vieles ungesagt geblieben ist.

Das Buch ist für Jung und Alt gedacht, für Liebende und jene, die es noch werden wollen, und auch für jene, die Sorge haben, dass ihnen die Liebe abhandenkommen könnte. Die Themen laden Paare dazu ein, sich regelmäßig füreinander Zeit zu nehmen, um an ihrer Beziehung „dranzubleiben". Besonders jene, die nicht gerne lange Texte mögen, können in diesem Buch wertvolle Gedanken und Anregungen für ihre Beziehungspflege in „kleinen Portionen" erhalten.

Meine Erfahrung in der Paarbegleitung hat mir gezeigt, dass es sich lohnt, rechtzeitig etwas für die Beziehungspflege zu tun. Ich wünsche mir, dass dieses Buch einen Anstoß gibt, das Paargespräch zu suchen, und dass es das Leben von Paaren bereichert und belebt. Ich hoffe, dass es auch ein bisschen Spaß macht, darin zu lesen.

Toni Fiung

Anregungen zum Lesen dieses Buches

Dieses Buch ist für Paare gedacht, die ihre Partnerschaft pflegen wollen und denen ihre Beziehung am Herzen liegt. Es bietet konkrete „Hilfe" und praktische Anregungen, wie man als Partner „am Ball" bleiben kann.
Das Buch lädt ein, sich regelmäßig Zeit füreinander zu nehmen: für eine Paar-Zeit, die einen besonderen Platz in der Beziehung hat.

Das Buch ist so aufgebaut, dass auf jeder Doppelseite ein Beziehungsthema kurz behandelt wird. Dazu werden konkrete Anregungen und Tipps für die Beziehungspflege im Alltag gegeben – mit abschließenden Fragen für ein gemeinsames Paargespräch.
Ansprechende Bilder laden ein, das Buch in die Hand zu nehmen. Sie wollen auf die unterschiedlichen Themen neugierig machen.

Ihr könnt das Buch einfach in die Hand nehmen, darin blättern, die Bilder anschauen, lesen und abwarten, was passiert.

Ihr könnt irgendein Thema, das gerade aktuell ist, aufgreifen und miteinander besprechen.

Das Buch ist wie eine Schatztruhe, in die man immer wieder hineingreifen kann. Jedes Thema auf einer Doppelseite steht für sich, deshalb können einzelne Themen nach Bedarf herausgegriffen werden.

Günstig ist es, wenn ihr euch regelmäßig füreinander Zeit nehmt. Verabredet euch zu einem gemeinsamen Abend. Die Kinder sind versorgt, Handys sind ausgeschaltet, ihr habt euch etwas Passendes zum Trinken und zum Knabbern hergerichtet, und ihr wisst: „Wir haben genug Zeit, ungestörte Zeit zu zweit."

In dieser Stimmung nehmt das Buch in die Hand und beginnt, darin zu lesen, was euch gerade interessiert:
- Lasst euch vom Bild ansprechen, z. B. was sagt das Bild über unsere jetzige Beziehungssituation aus?
- Die allgemeine Einführung in das Thema will aufzeigen, worum es geht.
- Dann findet ihr Anregungen, was ihr konkret miteinander oder auch jeder einzeln tun kann.
- Die abschließenden Fragen sollen eine „Hilfe" sein, um ins Gespräch zu kommen und konkrete Handlungen zu überlegen.

Eine weitere Möglichkeit ist die, dass einer von beiden das Buch oder auch einzelne Kapitel liest und dann den Partner einlädt, über das Gelesene ins Gespräch zu kommen. Das kann auch abwechselnd sein.

Das Buch ist ein praktisches Handbuch für Paare. Die Symbole Blume, Mund und Feder weisen in liebevoller Art darauf hin, dass ihr als Paar eingeladen und auch gefordert seid, für eure Beziehung etwas Konkretes zu tun: die gegebenen Anregungen reflektieren, miteinander ins Gespräch kommen und euch wichtige Notizen machen.

Ich bitte um Verständnis, wenn ich auf Grund der Lesbarkeit auf die Nennung der weiblichen und männlichen Begriffe verzichtet habe. Mit dem Begriff „Partner" meine ich selbstverständlich sowohl die Partnerin als auch den Partner.

Eine Beziehung ist mit einer Blume zu vergleichen, die ständig gegossen und gehegt werden will, um zu wachsen und zu gedeihen. Eine auf Dauer angelegte Beziehung braucht laufend ihre Pflege. Darauf sollen die Blumen auf jeder Seite hinweisen. Wenn ein Paar sich regelmäßig Zeit für die Beziehungspflege nimmt, werden in seinem „Beziehungsgarten" reichlich Blumen blühen.

Beziehungsgarten

„In eurer Ehe sollte es einen geheimen und geschützten Ort geben, zu dem nur ihr Zutritt habt", sagte jemand zu uns.
„Stellt euch einen Garten vor, der mit einer hohen Mauer umgeben ist und zu dessen Tür nur ihr den Schlüssel besitzt. – Wenn ihr diesen Garten betretet, dann seid ihr nicht länger Mutter oder Vater, Angestellte oder Angestellter und was ihr sonst im Alltag für eine Aufgabe habt. Hier seid ihr einfach ihr selbst: zwei Menschen, die einander lieben. Jetzt könnt ihr euch einmal ganz auf die Bedürfnisse des andern einstellen."

So legten wir diesen Garten an.
In der ersten Zeit gingen wir auch oft hinein und nahmen uns Zeit füreinander.
Wir freuten uns aneinander, wir tauschten unsere geheimsten Gedanken aus und wurden so immer fester miteinander verbunden, immer tragfähiger.

Aber mittlerweile sind unsere Tage gefüllt, drängen sich bei uns die Termine. Unser Gespräch wurde zu gekritzelten Mitteilungen auf einem Zettel, und das Tor zu unserem Garten ist fast völlig vom Unkraut der Geschäftigkeit zugewuchert.
Wir geben vor, keine Zeit mehr zu haben.

Dabei vergessen wir:
Die Liebe wächst, wenn sie gepflegt wird, und sie stirbt, wenn wir sie vernachlässigen.
Ich nehme deshalb deine Hand und führe dich wieder in unseren Garten. Die Zeit, die wir dort miteinander verbringen, ist nicht verschwendet. Sie ist gut investiert für das Wachsen unserer Liebe und damit für die Zukunft.

Autor und Quelle unbekannt

„Wenn zwei Menschen sich gefunden haben, fängt die Suche erst an."

Ruthard Ott

Weil i di mog …

erinnere ich mich gerne an den Anfang

Erinnerst du dich an die Zeit des Anfangs, wie es zwischen euch begonnen hat? Eine spannende Zeit. War es Liebe auf den ersten Blick, oder hat es etwas gedauert, bis es gefunkt hat? Es steckt für viele Paare eine große Kraft im Zauber des Anfangs. Hermann Hesse benennt es so: „Und jedem Anfang wohnt ein Zauber inne. Der uns beschützt und der uns hilft zu leben." Möglicherweise gibt auch dir/euch die Erinnerung an diesen Zauber des Anfangs viel Kraft, dranzubleiben, in Beziehung zu bleiben. Es ist nicht beim Anfang geblieben, eure Beziehung hat eine Fortsetzungsgeschichte mit Höhen und Tiefen. Vielleicht kannst du heute sagen: „Jetzt sehe ich, wie du wirklich bist, und so wie du bist, mag ich dich. Du interessierst mich. Ich bin gerne mit dir zusammen und immer noch neugierig auf dich, auf deine Pläne und Gedanken."

Was ich tun kann

- Ich teile meinem Partner Erinnerungen aus der Zeit unseres Kennenlernens mit: der erste Kuss, die ersten Gespräche, der Lieblingsplatz, die Lieblingsmusik usw.
- Wir erzählen einander, was wir in der ersten Zeit aneinander interessant und faszinierend gefunden haben.
- Wir schauen uns Fotos von unserer ersten Zeit an und lassen uns von der Stimmung inspirieren.
- Ich erzähle meinem Partner, was ich mir vom Zauber des Anfangs (für mich) bewahrt habe.
- Wir tauschen uns miteinander über unsere Erinnerungen an die Zeit der Verliebtheit aus, über alle Verrücktheiten, über das, was wir einander geschworen haben, und über all das, was wir aneinander so besonders schätzen. Das kann unserer Beziehung neue Kraft geben.

Fragen für unser Gespräch

Wie habe ich mich gefühlt, als ich frisch in dich verliebt war? Was haben wir gerne miteinander getan? Wie viel Zeit haben wir miteinander verbracht? Welche Schätze aus der Zeit des Verliebtseins möchten wir uns bewahren? Welche Veränderungen, die uns guttun, nehmen wir an uns wahr, seit wir zusammen sind? Was müssten wir auffrischen?

„Liebe ist das beste Rüstzeug für die Lebensreise."

Friederike Weichselbaumer

Weil i di mog ...

brauche ich gemeinsame Zukunftsvisionen

Wer die Hoffnung des Anfangs erfüllt sehen möchte, muss bereit sein, sich zu wandeln und zu reifen. Die Schwierigkeit besteht darin, dass Menschen sich in unterschiedlichem Tempo entwickeln und reifen und oft unterschiedliche Ziele anpeilen. Deshalb macht es Sinn, sich immer wieder zu fragen: Wo stehe ich? Welche Hoffnungsbilder und Lebensziele habe ich? Sich darüber mit dem Partner auszutauschen, erhöht die Paarzufriedenheit. Bilder und Visionen für den gemeinsamen Weg beleben die Liebe. Allerdings können nicht alle Visionen umgesetzt werden. Oft ist Bedürfnisaufschub notwendig. Visionen bringen aber auf jeden Fall Lebendigkeit in die Beziehung, und das Sprechen darüber lässt Nähe entstehen. Besonders in den späteren Jahren einer Beziehung ist es wichtig, sich an die Visionen des Anfangs zu erinnern und für die Zukunft neue zu entwickeln.

Was ich tun kann
- Ich mache eine kleine Fantasiereise in die Zukunft und lade den Partner ein, dasselbe zu tun.
- Ich schreibe meine Visionen auf und rede mit meinem Partner darüber.
- Ich überlege mir, wo ich mich mit meinem Partner hin entwickeln will.
- Wir überlegen gemeinsam, worauf wir in den späteren Jahren gerne zurückblicken möchten.
- Wir versuchen, uns vorzustellen, wie es sein wird, wenn wir beide „alt" sind.
- Wir sprechen darüber, was wir in den nächsten Jahren tun möchten.
- Eine Enttäuschung motiviert mich, nach Wegen zu suchen, wie es uns in Zukunft wieder besser gehen kann.

Fragen für unser Gespräch
Wir stellen uns vor, wir sind zehn, zwanzig, fünfzig Jahre älter. Wie sollte unser Leben rückblickend aussehen, dass wir damit zufrieden sein können? Verfolgen wir die gleichen Lebensziele? Wohin soll unsere gemeinsame Lebensreise gehen? Was brauchen wir dazu? Wie können wir uns bei der Umsetzung unserer Visionen unterstützen?

„Es gibt nichts, was ein Leben so herausfordert wie eine auf Dauer angelegte Paarbeziehung."

Jürg Willi

Weil i di mog ...

bin ich neugierig auf dich

Lieben heißt, auf die Herausforderung einer Paarbeziehung einzugehen und dieses gemeinsame und spannende „Abenteuer" zu wagen. Dabei geht es darum, sich neugierig in die Welt des Partners hineinzuwagen, ja manchmal sich hineinzutasten, um so den Menschen an der Seite immer wieder neu zu entdecken und kennenzulernen. Die Neugier kann Ansporn sein, die Eigenart des anderen zu erkunden, die Welt des anderen zu erforschen und sich auf ihn wirklich einzulassen. Auch wenn man sich liebt und meint, sich zu kennen, gibt es im anderen doch unbekannte Seiten.

Glückliche Paare wissen viel voneinander und zeigen Interesse füreinander. Sie kennen die Freuden, Vorlieben, Ängste oder Abneigungen des anderen und erfahren, dass das „Einander-Kennenlernen" nie aufhört. Es macht eine Beziehung lebendig, wenn sich jeder bemüht und sich Zeit nimmt, mehr über den anderen zu erfahren. Dieses „Voneinander-Wissen" gibt beiden das Gefühl, beim anderen einen guten Platz zu haben und geliebt zu werden.

Was ich tun kann

- Ich interessiere mich für die Musik, die mein Partner besonders gerne hört, die Filme, die er gerne sieht, die Bücher, die er gerne liest.
- Ich will wissen, was meinem Partner momentan am meisten Sorgen bereitet.
- Ich mache mir Gedanken über die berufliche Zufriedenheit meines Partners.
- Ich will mich in die Ängste und Sehnsüchte meines Partners einfühlen, indem ich sie anspreche.
- Ich will wissen, welche Lebensereignisse meinen Partner geprägt haben: gemeinsam Fotos anschauen, Erinnerungen aus der Kindheit erzählen, Orte „von früher" aufsuchen.
- Ich will die Freunde meines Partners (noch besser) kennenlernen.

Fragen für unser Gespräch

Was hat mich zu Beginn unserer Partnerschaft neugierig gemacht? Was möchten wir noch gerne voneinander wissen? Was sollten wir voneinander wissen? Welche Eigenschaften des Partners haben mich zu Beginn angezogen und fasziniert? Tauschen wir uns regelmäßig über unsere Gedanken, Gefühle und Sorgen aus?

„Nie durfte ich unter Menschen so sehr der sein, der ich bin, wie bei dir – und darum liebe ich dich."

Ulrich Schaffer

Weil i di mog ...

will ich deine Andersartigkeit respektieren

Jeder Mensch hat seine individuelle Herkunft, seine ganz persönliche Lebensgeschichte und Erfahrung und deshalb auch seine eigene Art, die Welt zu sehen. Werden Verhaltensweisen, Lebensformen oder gar die Gefühle des Partners beurteilt, wendet man gerne und ganz automatisch die eigenen Maßstäbe an. Dabei wird übersehen, dass der andere in seiner eigenen, anderen Welt lebt und somit die Dinge anders bewertet, weil er sie anders erlebt. Jeder einzelne Mensch hat das Recht auf seine eigene Weltsicht – so wie du und ich. Wenn du deinen Partner liebst, dann gerade deshalb, weil er so ist, wie er ist!

Zufriedene Paare können dieses Anderssein akzeptieren und respektieren. Sie versuchen nicht, den Partner zu ändern oder umzuerziehen, und machen ihm sein Anderssein nicht zum Vorwurf. Sie bemühen sich, dieses Anderssein als Bereicherung und Ergänzung zu betrachten, wissend, dass ihre Liebe diese Unterschiede nicht aufhebt.

Was ich tun kann
- Ich respektiere, dass mein Partner aus einer anderen „Welt" kommt, mit seiner Prägung und seinen Erfahrungen.
- Wir nehmen unterschiedliche Vorstellungen ernst und sprechen darüber.
- Wir loten aus, wie stark wir unser Ich leben möchten und wie stark das Wir sein soll.
- Ich nehme mich als eigenständig wahr, lerne mich selber immer besser kennen und bleibe doch auf meinen Partner bezogen.
- Wir erlauben einander, unterschiedliche Interessen zu haben.
- Ich will meinen Partner nicht ändern und freue mich, dass es so ist, wie er ist.

Fragen für unser Gespräch
Kennen wir trotz unserer Andersartigkeit Erfahrungen des Gleichklanges? Wo fordern wir uns in Anerkennung der Verschiedenheit immer wieder zur eigenen Entwicklung, sprich individuellen Reifung heraus? Wie zeigen wir, dass wir einander respektieren? Gibt es zwischen uns Interessenkonflikte, für die wir zurzeit keine Lösung haben? Können wir Unterschiede benennen, ohne uns zu kritisieren?

„Aber lasst Raum zwischen euch.
Und lasst die Winde des Himmels zwischen euch tanzen."

Khalil Gibran

Weil i di mog ...

will ich dir nahe sein

Liebe sucht Nähe, die sich in verschiedenen Formen des Miteinanders zeigt. Zu viel Nähe kann aber die Liebe ersticken, denn jede Beziehung braucht auch Freiräume und Abstand. Zu viel Distanz hingegen kann zwei Menschen voneinander entfremden. Mehr Nähe heißt allerdings nicht automatisch mehr Liebe. In einer Zweierbeziehung gilt es deshalb, abzustimmen, wie viel Nähe und wie viel Distanz gewünscht sind. Und dies kann nicht ein für alle Mal geklärt werden, da die Bedürfnisse beider Partner sich unterscheiden und auch ändern können. Eine heilsame Beziehung kann bedeuten: Ich gebe dir jene Nähe, die du magst, die du brauchst, die dir guttut. Aber ich respektiere deine persönlichen Bedürfnisse und lasse dir deinen Freiraum. Nähe kann bedeuten: „Ich mag deine Berührungen, ich will gemeinsam mit dir Zeit verbringen, ich mag mit dir reisen, ich mag mit dir reden und diskutieren. Es ist angenehm, wenn du das auch willst." Nähe kann auch bedeuten, dass man in besonderen schönen oder schweren Situationen einander Stütze sein kann.

Was ich tun kann

- Ich überlege, was ich lieber alleine mache und wo ich meinen Partner einbinden möchte.
- Ich sorge für mein gesundes, natürliches Bedürfnis nach Freiraum, aber nicht auf Kosten meines Partners.
- Wenn ich sage, „Ich will heute für mich allein sein", heißt das nicht, dass ich meinen Partner nicht liebe.
- Wir versuchen herauszufinden, wer mehr für die Nähe und wer mehr für die Distanz in unserer Beziehung zuständig ist.
- Wir sprechen über unsere Bedürfnisse und handeln Kompromisse aus, damit wir als Paar eine gute Balance aus Nähe und Distanz finden.
- Ich berühre, küsse, umarme meinen Partner, kuschle mit ihm und zeige ihm damit, welche Bedeutung für mich Nähe hat.

Fragen für unser Gespräch

Wie hat sich unser Bedürfnis nach Nähe und Distanz seit unserer Verliebtheit verändert? Was fördert und was stört dieses Bedürfnis? Was tut uns gut? Welche Formen von Nähe pflegen wir und wie oft? Wie zeige ich, dass ich mir Nähe wünsche? Wann brauche ich Distanz? Können wir unsere Wünsche nach Nähe und Distanz deutlich ausdrücken?

„Nicht weil ich lieben muss, sondern weil ich dich lieben muss –
vielleicht weil ich bin, wie ich bin, aber sicher, weil du bist wie du bist."

Erich Fried

Weil i di mog ...

bin ich gern mit dir zusammen

Das Wundervolle gegenseitiger Liebe ist, dass Liebende ein magisches Gefühl der Geborgenheit und Zusammengehörigkeit entwickeln: Wir als Paar sind etwas Besonderes. Dazu gehören alltägliche Begegnungen wie die Art sich zu begrüßen oder sich zu verabschieden, eine bewusst gestaltete Zeit abends, ein austauschendes Gespräch, ein gemeinsamer Spaziergang. Aber auch besondere Rituale, wie zum Beispiel Paarabende, gemeinsame Wochenenden, Ferien (nur als Paar, ohne Kinder) oder das Feiern gemeinsamer Gedenktage gehören dazu. Wichtig ist, sich als Paar Inseln zu schaffen, sich für gemeinsame Aktivitäten zu entscheiden. Diese „Insel-Zeiten" können u. a. genutzt werden, um miteinander Pläne und Ziele zu entwickeln. Diese geben wiederum die Zuversicht und Kraft für die weitere Zukunft zu zweit. Je länger ein Paar miteinander lebt, desto mehr soll das Bewusstsein wachsen, sich beim Partner geborgen zu fühlen.

Was ich tun kann
- Ich sage meinem Partner wieder einmal ganz bewusst, warum ich gerne mit ihm bin.
- Ich überrasche meinen Partner mit einer Kurzreise oder einem Ausflug.
- Wir machen abends einen Spaziergang und tauschen uns über den Tag aus.
- Wir bringen die Kinder gemeinsam ins Bett, damit genügend Zeit für uns als Paar bleibt.
- Wir hören miteinander Musik und entspannen uns dabei.
- Wir sorgen gemeinsam für eine entspannte Atmosphäre, um uns zu verwöhnen.
- Wir setzen uns beide dafür ein, Zeiten zu zweit zu planen und zu organisieren.

Fragen für unser Gespräch
Wie zufrieden sind wir in unserer Beziehung? Wie hat sich unser Lebensweg entwickelt, seitdem wir uns getroffen haben? Wie war früher unsere Wunschvorstellung von einem Menschen, mit dem man gern seinen Weg gehen möchte? Verbringen wir gerne Zeit miteinander? Was tun wir, damit wir oft Zeit miteinander verbringen können?

„Einem negativen Erlebnis, das man(n)/frau dem Partner beschert hat,
müssen mindestens fünf positive gegenüberstehen,
um die Stimmung nicht dauerhaft zu vermiesen."

John Gottman

Weil i di mog ...

zeige ich dir meine Wertschätzung

Worte und Zeichen der Wertschätzung sind Balsam für die Seele. Zuneigung zeigt sich vor allem in kleinen alltäglichen Dingen. Hier gilt: je häufiger, desto besser. Dank auszusprechen, ist eine schlichte und gleichzeitig grundsätzliche Form, Wertschätzung zu geben. Mit liebevollen Gesten, lieben Worten, einem Lachen, ernstgemeinten Komplimenten zahlt jeder sozusagen auf das Paarkonto ein, das immer einen Saldo im Plusbereich braucht, damit sich die Beziehung gut anfühlt. Günstig ist es, wenn Partner für den Alltag kleine, nette Rituale entwickeln wie Gefälligkeiten, liebenswürdige Überraschungen, kleine Geschenke und Interesse. Diese haben eine größere Bedeutung und wirken nachhaltiger als große Geschenke zu bestimmten Anlässen.

Was ich tun kann

- Ich sage meinem Partner, dass er für mich ein besonderer Mensch ist.
- Ich mache meinem Partner Komplimente, wie „Du schaust gut aus", „Das hast du gut gemanagt."
- Wir sagen einander einmal pro Tag, was wir am anderen Positives entdeckt haben: „Du hast ein so wundervolles Lächeln", „Die Hose steht dir gut", „Danke, dass du so gut gekocht hast", „Du kannst so gut zuhören" ...
- Ich erledige oder repariere etwas, das schon lange darauf wartet.
- Ich sage morgens meinem Partner: „Heute hast du einen Wunsch frei. Was kann ich für dich tun?"
- Ich verstecke eine Karte oder einen Brief mit einer Liebesbotschaft in der Wäsche meines Partners.
- Ich bringe einen frisch gepflückten Blumenstrauß mit nach Hause.

Fragen für unser Gespräch

Wann habe ich dem anderen zuletzt meine Wertschätzung gezeigt? War das früher häufiger? Was könnte mich ermuntern, in meiner Partnerschaft wieder mehr positive Zeichen zu geben? Wie teilen wir einander mit, dass wir einander mögen? Wann habe ich das letzte Mal meinem Partner „Ich mag dich" gesagt?

„Der Schlüssel zu einem Herzen ist oft nur ein liebes Wort."

Hildegard Buhmann

Weil i di mog ...

zeige ich dir meine Zuneigung

Paare, die gelernt haben, möglichst aufbauend und nicht destruktiv miteinander umzugehen, machen die Erfahrung, dass ihre Liebe und ihre Zuneigung erhalten bleiben. Sie wissen, dass positive Verstärkungen durch Komplimente und Wertschätzung die Beziehung stabilisieren, und sie wissen auch, dass „Bestrafungen" durch negative Kritik und Liebesentzug ihre Beziehung gefährden. Bei unterschiedlichen Bedürfnissen geht es um Klärung statt um Kampf oder Flucht, es geht darum, „sich aufeinander einlassen zu können" anstatt die Situation eskalieren zu lassen, und darum, Vorwürfe möglichst zu vermeiden und dahinter liegende Wünsche offen zum Ausdruck zu bringen. Trotz aller Belastungen, die eine Beziehung zeitweise trüben kann, gelingt es zufriedenen Paaren, das Angenehme, die Stärken und Freuden nicht aus dem Blick zu verlieren und sich immer wieder neu füreinander und für die Beziehung zu engagieren und zu entscheiden. Die Liebe lebt von vielen kleinen Zuwendungen und der steten Aufmerksamkeit im Alltag.

Was ich tun kann

- Ich will meinem Partner täglich Zeichen der Anerkennung, der Wertschätzung und der Zuneigung geben, wie „Ich freue mich, den Abend mit dir zu verbringen", „Deine Unterstützung ist mir sehr wichtig".
- Ich würdige die Erfolge meines Partners und freue mich mit ihm.
- Ich drücke aus, wofür ich meinem Partner dankbar bin.
- Ich sage, was mir an meinem Partner gefällt.
- Wir erinnern uns an die Zeit der ersten Liebe und sprechen darüber.
- Ich überlege, wie ich ohne Worte meine Zuneigung zeigen kann.

Fragen für unser Gespräch

Was sind unsere Paar-Ressourcen? Was können wir beide gut? Wie gelingt es uns, uns gegenseitig positiv zu bestärken? Was haben wir in letzter Zeit gut gemeistert? Wie ist in der Herkunftsfamilie mit Fehlern umgegangen worden? Was schätzen wir aneinander? Wie zeigen wir einander unsere Zuneigung?

„Erst wenn ich eine bewusste, willentliche,
ausdrückliche Entscheidung für den Partner getroffen habe,
erst dann bin ich ganz bei ihm angekommen."

Hans Jellouschek

Weil i di mog ...

brauche ich Verbindlichkeit

Verbindlichkeit ist ein tiefes menschliches Bedürfnis, auch in einer Beziehung. Findet ein Paar keine verbindliche Form des Zusammenseins, können Unsicherheit, Angst und Stress entstehen, das Gefühl, sich immer wieder neu positionieren zu müssen. Sich klar zur Beziehung zu bekennen und dafür ein Zeichen zu setzen und zu wissen, dass das auch der eigene Partner will, ist ein wichtiges Element, um Stabilität und Zufriedenheit für die Partnerschaft zu erreichen. Es ist der Schritt zu einem verbindlichen, deutlichen Ja zueinander, der in der Tiefe des Menschen Sicherheit und Klarheit bewirkt, ein tiefes Gefühl der Verbundenheit als Mann und als Frau, das über die erotische Attraktivität hinausgeht. Beide wissen, wie sie dran sind: „Du bist meine Frau, ich bin dein Mann", „Du und ich, wir sind ein Paar, wir gehören zusammen, und darum wollen wir das Leben miteinander teilen" ... Eine solche Entscheidung ist keine Garantie für eine Liebe auf Dauer, und sie ist auch mit Unsicherheiten verbunden, sie ist aber eine wesentliche Grundlage für eine gute, gemeinsame Zeit. Stellt sich ein Paar dieser Herausforderung nicht, entsteht oft ein jahrelanges Hin und Her, und je länger man zusammen ist, desto mehr will man wissen, wie es weitergehen soll. Die bedeutendste Form der Verbindlichkeit ist wohl, wenn ein Paar sich durch die Heirat das Ja-Wort gibt.

Was ich tun kann

- Wir wollen unsere Beziehung definieren: Was bin ich für dich? Was bist du für mich?
- Wir sind uns bewusst, wenn wir unserer Beziehung eine verbindliche Form geben, erschließen wir dadurch eine neue Qualität des Zusammenlebens. Es kann etwas Neues beginnen.
- Wir teilen einander mit, was wir zusammen wollen. Unsere Beziehung ist das, was wir beide daraus machen.
- Wir finden und pflegen eine gemeinsame Grundlage für unsere Beziehung wie gemeinsame Interessen, die gemeinsame Erziehung der Kinder, gemeinsame Freunde.
- Ich teile meinem Partner mit, wie sehr ich Verbindlichkeit brauche und was diese mir bedeutet.

Fragen für unser Gespräch

Welche Formen der Verbindlichkeit haben wir gesetzt? Was gibt unserer Beziehung Halt und Sicherheit? Wie zufrieden sind wir mit den Zeichen unserer Verbundenheit? Welche Zeichen der Verbundenheit brauche ich von dir? Was lässt erkennen, dass wir ein Paar sind?

„Ich möchte da sein, wenn du mich brauchst.
Ich möchte für dich da sein."

Otto und Felicitas Betz

Weil i di mog ...

will ich mit dir verbunden sein

Jeder Mensch braucht Bindung und Freiheit. Durch die zuverlässige Zuwendung der Eltern und anderer wichtiger Bezugspersonen entwickelt ein Kind Bindungssicherheit. Personen mit sicheren frühen Bindungserfahrungen sind im Erwachsenenalter in der Lage, zuverlässige und beständige Fürsorge zu vermitteln und zu erleben. Im Erwachsenenalter werden Bindungen als befriedigend erlebt, wenn die Bedürfnisse, Gefühle, Werte und Anliegen beider Partner genügend Platz haben. Dann entsteht eine Paaridentität. Für eine stabile, langfristige Partnerschaft sind qualitativ gute – und sichere – Bindungserfahrungen sehr wichtig. Sie helfen, Ängste und Ärger zu regulieren sowie auch allgemein die partnerschaftliche Beziehung aufrechtzuerhalten. Der Wunsch nach Nähe, die Suche nach Unterstützung bei Belastung, intensive emotionale Reaktionen auf Trennung und Wiedersehen sowie das Vertrauen auf den anderen sind Kennzeichen einer Bindungsbeziehung.

Was ich tun kann

- Ich drücke meine Verbundenheit mit kleinen Zeichen aus, einem liebevollen Blick, einer zärtlichen Geste, einer Aufmerksamkeit ...
- Ich überlege mir, was ich dafür brauche, damit es ein gutes, erholsames gemeinsames Wochenende werden kann, und spreche mit meinem Partner über meine Vorstellungen.
- Ich bin bereit, für ein gutes Miteinander Kompromisse zu finden und dem anderen immer wieder etwas zuliebe zu tun.
- Ich mache mir bewusst, dass in einer reifen Beziehung jeder für sich zu emotionaler Autonomie gelangt.
- Ich teile meinem Partner mit, dass ich mich nach seiner Liebe und Zuwendung sehne.

Fragen für unser Gespräch

Kennen wir unsere Stärken und Schwachstellen in engen Beziehungen? Hatten wir in unserer ersten Lebenszeit eine stabile Bezugsperson? Gab es Verlusterfahrungen, Krankenhausaufenthalte, Heimweh, Todesfälle, die uns besonders verletzlich gemacht haben? Fühle ich mich mit dem Partner verbunden? Wie halte ich im Alltag Kontakt mit meinem Partner?

„Für die Welt bist du irgendjemand, aber für irgendjemand bist du die Welt."

Erich Fried

Weil i di mog ...

liebe ich mich auch selbst

Wer keine liebevolle Beziehung zu sich selbst pflegt, wird kaum zu anderen liebevoll sein können. So ist es wichtig, die eigenen Bedürfnisse wahrzunehmen und zu definieren. Die Selbstachtung und -annahme sind ein lebenslanger Prozess. Gelingt dies nicht, muss wahrscheinlich der Partner als Ersatz dafür herhalten, was dieser jedoch gar nicht leisten kann. Wer sich nicht selbst achtet, sich eigene Bedürfnisse nicht eingesteht und zu viel vom anderen erwartet, belastet die Beziehung. Menschen, die sich zu sehr für andere aufopfern, ohne dabei Rücksicht auf eigene Bedürfnisse zu nehmen, verausgaben sich und verbittern. Diese hohen, nicht erreichbaren Ideale übertragen sich auch auf die Partnerschaft. Dies führt zu Enttäuschungen. Erst wenn man genügend Vertrauen zu sich selbst hat, sich annehmen kann, wie man ist, die eigenen Stärken und Schwächen kennt, ist man in der Lage, sich auf seinen Partner einzulassen und auch Kritik auszuhalten, ohne das eigene Selbstwertgefühl zu verlieren.

Was ich tun kann
- Ich nehme mir die Zeit, die ich für mich selbst brauche.
- Ich entscheide mich dafür, meine eigenen Meinungen zu vertreten.
- Ich entscheide mich dafür, eigenen Interessen Raum zu geben.
- Ich lerne, zu vertrauen, dass ich auch geliebt werde, wenn ich zu mir stehe und mich nicht ausschließlich aufopfere.
- Anderen den Vorwurf zu machen, dass ich selber zu kurz gekommen bin, ist nicht die Lösung. Ich will lieber selbst gut auf mich schauen.

Fragen für unser Gespräch
Welches ist das erste Liebesmuster meiner Kindheit? Durfte ich ICH sein? War ich nur geliebt, wenn ich mich um die anderen gekümmert habe? Was brauche ich, um mich selbst noch mehr lieben zu können?

„Wir haben uns angenommen mit unseren Lebensgeschichten, unseren unterschiedlichen Wegen, unserer Herkunft."

Egon Mielenbrink

Weil i di mog

Meine Geschichte, deine Geschichte

Jede Familie hat ihre eigenen Umgangsformen, ihre eigene Kultur, ihre eigenen Gewohnheiten, ihre Regeln des Umgangs, ihre eigenen Bräuche und Rituale, ihre Art, Feste zu feiern, Freiräume zu lassen und Begrenzungen zu setzen. Prägungen aus der Ursprungsfamilie sind manchmal schwer zu erkennen, besonders für den Partner. Dabei ist es interessant, nach den Hintergründen der Partnerwahl zu forschen und mit offenem Blick aufeinander zu schauen: Wer ist der andere Mensch an meiner Seite, und wie ist er so geworden? Die Vertrautheit und die Intimität einer Paarbeziehung ermöglichen es, dass ein Paar sich über seine Vergangenheit austauscht und den Fragen nachgeht: Was soll ich aus deiner Lebensgeschichte wissen, um dich besser zu verstehen? Welche Erfahrungen haben dich geprägt? Warst du ein geliebtes Kind? Welche Werte haben dir deine Eltern vorgelebt? Habt ihr viel Zeit miteinander verbracht? Und vieles mehr.

Was ich tun kann
- Ich erzähle von meiner Herkunftsfamilie, welche Gewohnheiten, Familienregeln und welche Werte wichtig waren.
- Wir reden darüber, welche Bräuche und Rituale aus unseren Herkunftsfamilien wir in unserer neuen Familie pflegen wollen.
- Wir überlegen, wie klar abgelöst wir uns von unseren Eltern fühlen.
- Ich verzichte auf den Schutz meiner Eltern und übernehme Eigenverantwortung.
- Wir einigen uns darüber, wie wir die Kontaktpflege zu der jeweiligen Herkunftsfamilie gestalten wollen.
- Ich teile meinem Partner Ereignisse, Erfahrungen und Erlebnisse, die mein Leben geprägt haben, mit, damit er mich besser verstehen kann.

Fragen für unser Gespräch

Welche Verhaltensweisen haben wir von unseren Eltern übernommen? Welche Rollenverteilung gab es in unseren Herkunftsfamilien? Was möchten wir aus unseren Herkunftsfamilien in unsere Beziehung mitnehmen? Was gestalten wir miteinander neu?

„Liebe ist Verantwortung eines Ich für ein Du."

Martin Buber

Weil i di mog

Meine Familie, deine Familie

Studien belegen, dass ein gutes Verhältnis zu den Schwiegereltern eine positive Wirkung auf eine Paardynamik hat. Zufriedene Paare pflegen eine respektvolle Beziehung zu ihren Eltern und Schwiegereltern. Andererseits erwarten und brauchen sie aber auch von ihnen Achtung und Respekt. Ihre wertvolle Hilfe – in der Kinderbetreuung und finanziell – wird dann nicht als Einmischung oder als Eindringen in die Intimsphäre ihrer Familie erlebt. Es gibt in einer Partnerschaft Phasen, in denen sich die Beziehung zu den Schwiegereltern schwierig gestalten kann: wenn das Paar zusammenzieht (und vielleicht heiratet), wenn ein Paar sein erstes Baby bekommt oder wenn jemand von der Großfamilie schwer erkrankt und versorgt werden muss. In solchen Situationen spürt man besonders deutlich die Unterschiede der familiären Prägung: den Umgangsstil, die Art und Weise, Krisensituationen zu meistern und neue Herausforderungen zu bewältigen. In der Begegnung mit der Familie des Partners wird einerseits die Beziehung zur eigenen Ursprungsfamilie relativiert, andererseits wird das Neue und das Fremde in der Familie des Partners entdeckt.

Was ich tun kann

- Wir unterstützen einander, störende Bindungen an die Ursprungsfamilie anzusprechen und zu verändern.
- Ich will mich von meinen Eltern klar ablösen, damit ich frei werde für meinen Partner.
- Wir setzen und respektieren gegenseitig die Grenzen zwischen uns und unseren Eltern.
- Ich bemühe mich, eine möglichst positive oder neutrale Beziehung zu den Angehörigen meines Partners, an denen er hängt, zu entwickeln.
- Ich zeige deutlich meinem Partner, dass ich im Konfliktfall an seiner Seite stehe.
- Wie bemühen uns, mögliche Konflikte zwischen uns und unseren Eltern/Schwiegereltern anzusprechen und zu lösen. Eine Privatsphäre ist uns wichtig.

Fragen für unser Gespräch

Wie zufrieden sind wir mit dem Kontakt zu der jeweiligen Herkunftsfamilie? Was macht es uns leicht, und was macht es uns schwer, diesen Kontakt zu halten? Haben wir einen Liebes- und Lebensbereich, der gegenüber anderen Familienangehörigen deutlich abgegrenzt ist? Zeigen wir einander, dass der Partner an erster Stelle steht?

„Wir wissen, dass jeder Mensch, wenn man ihn liebt, sich wie verwandelt fühlt."

Max Frisch

Weil i di mog ...

habe ich keine Angst vor Veränderung

Wenn sich aus Verliebtheit Liebe entwickelt, gewinnt die Beziehung an Tiefe. Damit ein Paar diese beglückende Erfahrung machen kann, muss es jedoch einige Hürden überwinden. Der „Höhenflug" der Verliebtheit weicht allmählich dem Alltag, und Partner stellen fest, dass sie nicht mehr dieselben sind wie zu Beginn ihrer Beziehung. Da taucht oft Enttäuschung auf über den anderen, aber auch über sich selbst. Anstatt sich nun aber abzuwenden und sich nach der nächsten möglichen Beziehung umzusehen, könnte das Abenteuer des gegenseitigen Neuentdeckens beginnen. Dazu braucht es einen frischen Blick auf den anderen, ein offenes Herz und Beharrlichkeit. Kommen dann Wertschätzung, Achtsamkeit und gegenseitiger Respekt hinzu, können Liebe und Vertrauen wachsen, und es ist möglich, gemeinsam Veränderungen oder Krisen zu überstehen. Echte Beziehung bedeutet Wandel und Entwicklung. Es lohnt sich, miteinander immer wieder den Blick nach vorne zu richten – mit dem Wunsch und der Erlaubnis, sich weiterhin zu entfalten.

Was ich tun kann
- Ich möchte von dir angenommen sein, so wie ich bin – mit meinen Fähigkeiten und Stärken, aber auch mit meinen Schwächen und Fehlern.
- Ich will die Höhen und die Tiefen unserer Beziehung wahrnehmen, um sie als Zeichen einer guten, lebendigen Beziehung zu deuten.
- Ich bin bereit, Wachstum und Veränderungen bei mir und meinem Partner zuzulassen.
- Ich rede mit meinem Partner darüber, wenn ich Veränderungen wahrnehme und sie mir Angst machen.
- Wir wollen Veränderung als Zeichen von Entwicklung, als neue Chance für die Beziehung sehen.

Fragen für unser Gespräch

Was kann unseren gemeinsamen Wachstumsprozess anregen? Wie können wir dafür sorgen, dass wir uns gemeinsam wandeln, damit wir uns nicht zu sehr auseinanderentwickeln? Was hat sich in unserer Partnerschaft verändert? Welche sind unsere Ängste?

„Der beste Beweis der Liebe ist Vertrauen."

Joyce Brothers

Weil i di mog …

will ich dir vertrauen

In jedem Menschen steckt der Wunsch, sich einem anderen Menschen anzuvertrauen, ihm in vertrauter Nähe verbunden zu sein und sein Vertrauen zu spüren. Ohne die Erfahrung von Vertrauen und Verlässlichkeit ist eine tragfähige Beziehung undenkbar. Zufriedene Paare bauen auf Vertrauen und verbinden damit die Hoffnung, dass sie einander alles Wichtige, was die Beziehung betrifft, mitteilen. Nach einer schweren Enttäuschung oder Kränkung kann sich Misstrauen bilden, und dies belastet eine Beziehung oder kann sie gar zerstören. In einer solchen Krisenzeit sind Geduld, Feingefühl und Zeit gefragt, damit es dem Paar gelingt, wieder langsam Vertrauen aufzubauen. Die größten Beziehungskrisen sind Vertrauenskrisen. Sich aufeinander verlassen zu können, kann somit bedeuten: sich öffnen, aus sich herauskommen, sein „Schneckenhaus" aufbrechen, riskieren, ungeschützt auf den Partner zugehen können. „Auf dich kann ich mich verlassen" kann somit bedeuten: Der Partner steht zu mir, er geht mit mir durch dick und dünn, er lässt mich nicht hängen, ihm kann ich einiges zumuten und zutrauen.

Was ich tun kann
- Ich will meinem Partner offen sagen, was ich auf dem Herzen habe.
- Ich will meinen Partner in wichtigen Situationen nicht im Stich lassen. Ich lasse ihn spüren, dass ich an seiner Seite stehe.
- Ich bemühe mich, das Vertrauen in meinen Partner zu stärken.
- Das Gefühl und die Überzeugung, dass mein Partner mich niemals verletzen oder betrügen würde, stärkt mein Vertrauen in ihm.
- Wir wollen ehrlich und offen miteinander umgehen und haben keine Geheimnisse, was unsere Partnerschaft betrifft.
- Wir erzählen einander von den Erfahrungen und Erlebnissen des Alltags. Das stärkt unser Vertrauen.
- Ich wünsche mir dein Vertrauen. Die Angst vor Verletzungen soll uns nicht stumm machen.

Fragen für unser Gespräch
Habe ich mich auf meinen Vater, auf meine Mutter verlassen können? Bin ich schon einmal schwer enttäuscht worden? Wie geht es uns mit Vertrauen: Können wir einander vertrauen? Was brauchen wir, damit wir einander vertrauen können?

Der Tempel der tausend Spiegel

Es gab in Indien den Tempel der tausend Spiegel. Er lag hoch oben auf einem Berg, und sein Anblick war gewaltig. Eines Tages kam ein Hund und erklomm den Berg. Er stieg die Stufen des Tempels hinauf und betrat den Tempel der tausend Spiegel.

Als er in den Saal der tausend Spiegel kam, sah er tausend Hunde. Er bekam Angst, sträubte das Nackenfell, klemmte den Schwanz zwischen die Beine, knurrte furchtbar und fletschte die Zähne. Und tausend Hunde sträubten das Nackenfell, klemmten die Schwänze zwischen die Beine, knurrten furchtbar und fletschten die Zähne.

Voller Panik rannte der Hund aus dem Tempel und glaubte von nun an, dass die ganze Welt aus knurrenden, gefährlichen und bedrohlichen Hunden bestehe.

Einige Zeit später kam ein anderer Hund, der den Berg erklomm. Auch er stieg die Stufen hinauf und betrat den Tempel der tausend Spiegel. Als er in den Saal mit den tausend Spiegeln kam, sah auch er tausend andere Hunde. Er aber freute sich. Er wedelte mit dem Schwanz, sprang fröhlich hin und her und forderte die Hunde zum Spielen auf.

Dieser Hund verließ den Tempel mit der Überzeugung, dass die ganze Welt aus netten, freundlichen Hunden bestehe, die ihm wohlgesonnen sind.

Aus Indien

„Nichts fordert so viel Wandel wie lebendige Treue."

John Henry Newman

Weil i di mog ...

will ich dir treu sein

Wenn Menschen einander lieben, wünschen sie sich, dass ihre Liebe bleibt, ihre Beziehung Bestand hat und sie miteinander glücklich und alt werden können. Das ist Ausdruck des Bedürfnisses, sich an einen anderen Menschen zu binden, auf den man sich – nicht nur in sexueller Hinsicht – verlassen kann, der einem bei Höhen und Tiefen, auch durch Schwierigkeiten und Krisen hindurch die Treue hält. Treue ist ein Kernthema in einer Liebesbeziehung. Treue gibt Sicherheit in einer Zeit großer Unsicherheiten. Untreue lässt Menschen als Trauma erfahren. Deshalb lohnt es sich, durch aktive Beziehungspflege, sich um Treue zu bemühen. Treue meint, dass die in der Paarbeziehung liegenden Möglichkeiten ergriffen werden, einander Freiräume zu schenken und zugleich miteinander in Verbindung zu bleiben, die Nähe zueinander wachsen zu lassen, ohne kontrollierend zu sein, füreinander da zu sein, Austausch und Gespräch zu pflegen und einander wertzuschätzen.

Was ich tun kann
- Ich entscheide mich immer wieder bewusst für meinen Partner, auch in Zeiten, in denen mir das nicht leichtfällt.
- Wir treffen am Jahrestag/Hochzeitstag eine neue Treuevereinbarung.
- Ich nehme eigene Verlustängste und eventuelle Verlustängste meines Partners wahr und spreche darüber.
- Wir besprechen, was für uns Treue bedeutet.
- Ich bemühe mich, das Gute und das Schöne in unserer Beziehung wahrzunehmen.
- Wir nehmen uns genügend Zeit für die Beziehungspflege.

Fragen für unser Gespräch
Welche Vorstellungen haben wir in Bezug auf das Thema Treue? Welche Ängste sind uns bewusst? Gibt es Verletzungen und können wir darüber reden? Was bedeutet mir deine Treue? Kann ich mir selber und dem Partner treu sein? Welche Eigenschaften muss ich bei mir pflegen, dass mein Partner mir die Treue versprechen und halten kann?

„Eifersucht ist wie Salz: ein bisschen davon würzt den Braten, aber zu viel macht ihn völlig ungenießbar."

Honoré de Balzac

Weil i di mog ...

bin ich manchmal eifersüchtig

Die meisten von uns waren schon einmal eifersüchtig und kennen diesen leidigen, unangenehmen Schmerz. In einer exklusiven Paarbeziehung, bei der die Partner gewisse Ansprüche aufeinander haben, kann Eifersucht immer wieder auftreten: Wenn der Partner mit einer anderen Frau flirtet, wenn er mit einer attraktiven Kollegin eine Dienstfahrt unternimmt, wenn sie mit einem anderen Mann tanzen geht, wenn sie sehr begeistert von einem anderen Mann erzählt – all dies kann Eifersucht auslösen. Sind wir eifersüchtig auf andere, die scheinbar schöner, begabter oder erfolgreicher sind als wir, kann dies ein Zeichen eigener Bedeutungslosigkeits- und Minderwertigkeitsgefühle sein. Eifersucht ist dann real begründet, wenn der Partner dich betrügt oder tatsächlich in jemand anderen verliebt ist. Dann folgt der Eifersucht das Gefühl der Kränkung und Verletzung. Eifersucht ist quälend, weil man sich so von einem anderen Menschen abhängig fühlt. Wer eifersüchtig ist, ist misstrauisch, hat immer wieder Zweifel, ist kontrollierend und fühlt sich dabei noch schlecht. Manchmal ist es wichtig, sich Hilfe zu holen, um aus diesem Dilemma herauszukommen. Es ist ein Zeichen des Vertrauens, wenn ein Partner Eifersuchtsgefühle eingestehen und darüber reden kann.

Was ich tun kann
- Ich spreche mit meinem Partner über meine Eifersuchtserfahrungen: „Es macht mich eifersüchtig, wenn ..."
- Ich erzähle meinem Partner über Erfahrungen in meiner Ursprungsfamilie: Gab es Eifersuchtsszenen? Wie ist man dort mit Eifersucht umgegangen?
- Ich schaue auf meine persönliche Zufriedenheit, denn wenn ich mit mir selber zufrieden bin, brauche ich mich nicht selbstzerstörerisch mit anderen zu vergleichen.
- Ich spreche darüber, welche Trennungs- oder Verlusterfahrungen aus meiner Kindheit mich prägen und beeinflussen.
- Ich spreche mit meinem Partner, wann mich sein Verhalten eifersüchtig macht.

Fragen für unser Gespräch
In welchen Situationen bin ich eifersüchtig? Weiß mein Partner davon, dass ich eifersüchtig bin? Kann ich diese Gefühle genau beschreiben? Habe ich manchmal Angst, von jemand anderem vorgezogen zu werden und austauschbar zu sein? Wann macht mich mein Partner eifersüchtig?

„Nicht das Auftreten von Beziehungskrisen ist entscheidend, sondern die Art und Weise, wie die Partner mit ihnen umgehen."

Eberhard Rieth

Weil i di mog …

habe ich mich verändert

Eine Liebes- und Beziehungsgeschichte durchläuft verschiedene Entwicklungsphasen. Am Anfang stehen meistens große Gefühle, wichtige Bedürfnisse und unerfüllte Sehnsüchte im Vordergrund. Verliebtheit bestimmt die Beziehung. Es folgt eine Zeit, in der sich die Liebe festigt. Der starke Wunsch nach Dauer ist zu spüren. Mit der Zeit wird der Alltag bestimmender, Ernüchterung kommt auf. Erste Fragen stellen sich, aber auch Zweifel schleichen sich ein. Beiden Partnern wird deutlich, wo die Verliebtheit blind gemacht hat. Das ganz Andere und das Fremde werden beim Partner jetzt stärker wahrgenommen. Manchmal sind im Laufe des Lebens Entwicklungsschritte nötig, die Verunsicherung bringen können. Zwei Beispiele: Frauen bilden sich weiter, haben durch Familie und Beruf andere Belastungen und Ansprüche, und Männer verstehen manchmal nicht, was ihre Partnerinnen auf einmal von ihnen wollen. Wenn Männer sich zu sehr über die Arbeit definieren und entwickeln, bereitet das wiederum manchen Frauen Schwierigkeiten. Nun liegt die Herausforderung darin, Unterschiedlichkeiten der Partner als gegenseitige Bereicherung zu sehen und zu nutzen. Entschließen sich Paare in dieser Phase dazu, einander im Blick zu behalten, wird die Beziehung ruhiger und tiefer.

Was ich tun kann

- Ich überlege, was ich an meinem Verhalten verändern kann, damit es uns besser geht.
- Ich überlege, ob Veränderungen meines Partners, die mir problematisch erscheinen, nicht auch Entwicklungschancen für unsere Beziehung bedeuten können.
- Bei Bedarf holen wir uns Hilfe von außen, z. B. eine Ehe- oder Paarberatung oder die Teilnahme an einem Paarseminar.
- Wir sind bereit, einen Neu-Anfang zu machen, mit neuen Impulsen und Ritualen.
- Ich überlege, wo ich dem anderen entgegenkommen kann, damit wieder Energie für die Beziehung frei wird.
- Ich überlege, was ich in der Beziehung verändern muss, damit es uns miteinander besser gehen könnte.

Fragen für unser Gespräch

Können wir Unterschiede aushalten und uns dennoch ein offenes und authentisches Miteinander bewahren? Sind wir bereit, uns für wichtige Veränderungen einzusetzen, uns darüber mit unserem Partner auszutauschen und auch seinen Vorstellungen Raum zu geben? In welchem Bereich habe ich mich während der Partnerschaft am meisten verändert?

„Menschen zu finden, die mit uns fühlen und empfinden,
ist wohl das schönste Glück auf Erden."

Carl Spitteler

Weil i di mog

Gemeinsamkeiten und Einzelinteressen

Eine Paarbeziehung lebt von Gemeinsamkeiten. Aber beide Partner sind und bleiben eigenständige Persönlichkeiten, die sich voneinander abgrenzen, eigenen und wohl auch verschiedenen Interessen, Wünschen und Neigungen nachgehen. Eine zufriedene Paarbeziehung kann also nicht eine totale Einheit von zwei Personen sein, die derart miteinander verschmelzen, dass sie ineinander aufgehen und so ihre individuelle Persönlichkeit aufgeben. Es braucht beides: Gemeinsamkeit und Individualität. Für ein Paar kann es eine Herausforderung sein, in seiner Beziehungsgestaltung die Balance von Gemeinsamkeit und Eigenständigkeit zu wahren. Neben dem gegenseitigen Zugeständnis von Selbstständigkeit und Eigenart braucht ein Paar die Pflege von Gemeinsamkeiten, die sich im Bereich der Interessen, der Lebenseinstellungen, der Bekannten und Freunde, der Geselligkeit, des Berufs, des öffentlichen Engagements entwickeln können. Wenn Gemeinsamkeit und die Einzelinteressen in einem ausgewogenen Verhältnis zueinander stehen, dann können sich Liebende in ihrer Entwicklung gegenseitig fördern und dadurch ihre Beziehung stärken.

Was ich tun kann
- Ich gebe darauf acht, meine Eigenständigkeit zu bewahren, um für den Partner anziehend zu bleiben.
- Ich bin bereit, dem Partner Freiräume zu lassen, und erwarte nicht, die einzige wichtige emotionale Bezugsperson für ihn zu sein.
- Ich will mich nicht ausschließlich über meinen Partner definieren, sondern bewahre mir eigene Interessen und eine eigene Privatsphäre.
- Ich will meinen Partner an meinen Sorgen, Wünschen, Problemen, aber natürlich auch an meinen Erfolgserlebnissen teilhaben lassen.
- Ich interessiere mich für gemeinsame Aktivitäten, die uns beiden Spaß machen und Freude bereiten und den Alltagstrott unterbrechen sowie ein „Auftanken" ermöglichen.

Fragen für unser Gespräch
Haben sich in unserer Familie die Eltern aufgeopfert? Wurden Gemeinsamkeiten gepflegt? Wovor haben wir Angst, wenn der Partner seinen Interessen nachgeht? Welche Aktivitäten, die uns Spaß machen, möchten wir entwickeln und pflegen? Haben wir Freude an gemeinsamen Unternehmungen, die wir auch miteinander planen?

„Kein Mensch kann das beim anderen sehen und verstehen, was er nicht selbst erlebt hat."

Hermann Hesse

Weil i di mog ...

will ich dich verstehen

Auch wenn sich große Vertrautheit zwischen zwei Liebenden entwickeln kann, bleibt doch jeder ein Geheimnis für sich. So geht es wohl im Laufe einer langen Beziehung darum, dem „Geheimnis" immer näher zu kommen, in großer Achtung und mit Respekt. Einander verstehen wollen, heißt, sich in den Partner einzufühlen. Das bezieht sich nicht nur auf seine heutigen Bedürfnisse, Wünsche, Hoffnungen, Ängste und Erwartungen, sondern auch auf seine Vergangenheit. Nicht zuletzt durch die Erfahrungen und Prägungen im Laufe seines Lebens ist er zu dem geworden, wie er sich heute zeigt. Die Lebensgeschichte jedes Partners ist ein Baustein im Beziehungshaus. Zu viel Vertrautheit führt jedoch zu Überdruss und Langeweile, ein gewisses Maß an Fremdheit erhält Spannung und Neugier – und fördert die Erotik, auch in langjährigen Partnerschaften. Sicherheit wird durch die richtige Kombination aus Vertrautheit und Familiarität geboten. Sind diese Voraussetzungen erfüllt, kann man sich in der Beziehung gemeinsam weiterentwickeln.

Was ich tun kann
- Ich möchte meinen Partner verstehen und wünsche mir, dass auch er mich versteht. Unsere Gespräche sollen gelingen und uns einander näherbringen.
- Ich nehme meine eigenen oft widersprüchlichen Gefühle wahr und entwickle den Mut, sie auszudrücken.
- Ich bemühe mich, Gefühle bei mir und beim Partner sensibel wahrzunehmen.
- Ich versuche, meine Gefühle so zu zeigen, dass sie beim Partner richtig ankommen.
- Ich frage den Partner, ob er mich verstanden hat, und wiederhole, was ich verstanden habe.
- Ich zeige meinem Partner Interesse und Wertschätzung und bemühe mich, ihn mit seiner Sichtweise zu verstehen und seine Probleme nicht zu relativieren.

Fragen für unser Gespräch
Welche Unterstützung brauchen wir, um Gefühle auszudrücken und sie auszuhalten? Durften wir in unserer Herkunftsfamilie Gefühle zeigen? Können wir auch einmal gedanklich in die Schuhe des anderen schlüpfen? Wann fühle ich mich verstanden, wann nicht? Was brauche ich, um verstanden zu werden?

„Das echte Gespräch bedeutet: aus dem Ich heraustreten und an die Tür des Du klopfen."

Albert Camus

Weil i di mog ...

will ich mit dir reden

Eine gute Gesprächskultur ist das Grundnahrungsmittel einer Beziehung. Auch Menschen, die sich mögen, sind keine Hellseher. Das regelmäßige Gespräch ist ohne Zweifel ein Grundpfeiler jeder Partnerschaft, denn Reden ist Silber, und Schweigen ist Gift. Tatsächlich scheitern viele Beziehungen an der mangelhaften Kommunikation. Untersuchungen zeigen auf, dass ein Paar im Durchschnitt ganze sechs Minuten am Tag miteinander redet. Da bleibt vieles, ja zu vieles unausgesprochen. Das muss nicht so sein! Als Gesprächspartner kann man das eigene Interesse am Gespräch zeigen und so viel zum Gelingen oder Misslingen eines Gespräches beitragen. Das Bedürfnis nach Gesprächen ist bei Männern und Frauen unterschiedlich. Vieles geschieht schon, bevor man mit dem Sprechen beginnt: durch die Mimik, durch die Körpersprache, durch ein ermutigendes Lächeln, durch die Wahl des Ortes und der rechten Stunde, durch das Zeit-Haben, durch die Art des Zuhörens und Anwesend-Seins.

Was ich tun kann
- Ich bin bereit, mich auf meinen Partner wirklich einzulassen.
- Ich schenke meinem Partner ungeteilte Aufmerksamkeit, z. B. durch Blickkontakt, durch Berührung.
- Ich spreche von mir und meinem Erleben und vermeide Anschuldigungen.
- Ich traue mich, über alle (dem Partner) wichtigen Themen zu sprechen.
- Ich bitte manchmal ausdrücklich um ein Gespräch.
- Wir schaffen Gelegenheiten, damit ein Gespräch entstehen kann wie zum Beispiel nach dem Essen noch sitzen bleiben und reden.
- Wir sprechen von uns persönlich und hören einander wirklich zu; dadurch erhält unser Gespräch Tiefe.
- Ich bin bereit, meinen Partner unaufdringlich nach seinen Wünschen, Gefühlen, Problemen und Plänen zu fragen und mit ihm darüber zu sprechen.

Fragen für unser Gespräch

Was macht das Miteinandersprechen schwer, was erleichtert es? Worüber wurde in deiner Ursprungsfamilie gesprochen oder geschwiegen? Was wurde verschwiegen? Wie zufrieden sind wir mit unseren Gesprächen? Haben wir die Tendenz, uns wortlos zu verständigen? Geben wir auf den Tonfall, auf die Wortwahl und auf die Körpersprache acht?

„Sprichst du mit mir, dann sage ich mein schönstes Wort."

Lothar Zenetti

Weil i di mog …

will ich mich dir öffnen

Ein zufriedenes Paar pflegt eine offene Kommunikation, legt darauf Wert, Erlebnisse, Wünsche, Gefühle, Erwartungen mitzuteilen sowie Missverständnisse zu klären, und zeigt die Bereitschaft zur Lösung von Problemen und Konflikten. Das hat zur Folge, dass beide sich in ihren Gefühlen und Gedanken verstanden und akzeptiert fühlen. In dieser Art von Kommunikation werden „Ich-Aussagen" bevorzugt und „Du-Aussagen" vermieden. Offene Kommunikation hat mit Sensibilität zu tun, zur richtigen Zeit das Richtige zu sagen, und nicht zu vergessen, dass „der Ton die Musik macht". Diese Form der Kommunikation hängt vom Zeitpunkt und Ort, von der Stimmung der beteiligten Personen ab, von der vertrauensvollen Atmosphäre und dem Willen, aufeinander einzugehen. Es kann vorkommen, dass ein Gespräch auch einmal zeitlich verschoben werden muss. Dabei gilt: Aufgeschoben ist nicht aufgehoben.

Was ich tun kann
- Ich verwende „Ich-Aussagen". So teile ich etwas von mir selbst mit, gebe meine eigenen Empfindungen, Wertvorstellungen, Ansichten, Gefühle usw. wieder.
- Ich vermeide „Du-Aussagen", denn sie beinhalten häufig Vorwürfe und Anklagen.
- Ich vermeide „Du-Aussagen" und Verallgemeinerungen, denn sie lassen dem anderen keinen Ausweg und nur geringe Chance zur Veränderung.
- Wir erinnern uns daran, dass auch das „Sprechen, ohne zu sprechen", Kommunikation ist wie z. B. kleine Gesten, ein Blickkontakt, eine Berührung, gemeinsames Tun.
- Wir achten darauf, wie wir miteinander reden.

Fragen für unser Gespräch
Gibt es ein bis jetzt verschwiegenes Thema, über das ich reden möchte? Wie geht es uns mit dem Schweigen? Erleben wir Schweigen als Strafe, oder fühlen wir uns auch im Schweigen wohl miteinander? Wie offen können wir miteinander reden? Gehen wir respektvoll miteinander um? Wie offen sind wir zueinander?

„Wer einen anderen Menschen verstehen will, muss hören, was er meint, nicht nur, was er sagt."

Martin Koschorke

Weil i di mog …

höre ich dir zu

Ausschlaggebend für das Beziehungsglück sind die Art und Weise, wie Paare miteinander kommunizieren, wie sie miteinander sprechen und vor allem wie sie einander zuhören. Ein gutes Gespräch beginnt mit dem Zuhören. Dem anderen gegenüberzusitzen und akustisch zu hören, was er sagt, bedeutet noch nicht, dass man richtig zuhört. Richtiges Zuhören bedeutet, dass man seinen Partner achtsam wahrnimmt und bemüht ist, ihn zu verstehen, die eigenen Interessen zurückstellt und dem Partner Zeit gibt, seine Situation bzw. das Anliegen zu schildern. Es ist die Bereitschaft gefordert, sich in ihn einzufühlen, um zu verstehen, wie es ihm geht, was er sagt und sagen will. Gutes Zuhören ist kein passives Geschehenlassen. Es geht als Zuhörer darum, die eigene innere Unruhe zu reduzieren, auf die wesentlichen Gefühle und Bedürfnisse des Partners zu achten sowie das Gehörte immer wieder zusammenzufassen, um sicherzugehen, dass ich auch wirklich verstanden habe, worum es geht. Durch aufmerksames Zuhören zeige ich Respekt, Wertschätzung und Wohlwollen. Reden macht keinen Sinn, wenn man einander nicht zuhört.

Was ich tun kann
- Ich setze beim Zuhören einfache und deutliche Signale: guten Blickkontakt und zugewandte Körperhaltung.
- Ich schenke meinem Partner meine volle Aufmerksamkeit. Nur so erhält unser Gespräch wirklich Tiefe.
- Ich unterbreche den Partner beim Sprechen nicht, weil ich ihn ernst nehme.
- Ich unterbreche den Partner nur dann, wenn ich nicht mehr bereit bin, ihm zuzuhören.
- Ich höre so zu, dass ich verstehen kann, was mein Partner mir sagen möchte.
- Ich höre aktiv zu: Stelle Augenkontakt her, zeige durch meine Körperhaltung, dass ich aufmerksam bin und mich auf den Partner konzentriere.
- Ich frage nach, ob der Partner bereit ist, das zu hören, was ich ihm sagen will.
- Ich bemühe mich, so zu reden, dass der Partner gerne bereit ist, mir zuzuhören.

Fragen für unser Gespräch

Welche Erfahrungen des Zuhörens haben wir gemacht? Wie war es am Anfang der Beziehung mit der Bereitschaft, einander zuzuhören? Wie leicht oder wie schwer fällt es mir zuzuhören? Gibt es Situationen, in denen wir versuchen, uns zu überreden? Wann gelingt es mir, gut zuzuhören? Was brauche ich, damit ich gut zuhören kann?

„Und wenn einer sich gar nichts mehr wünschen mag,
dann macht ihn auch gar nichts mehr fröhlich."

Michael Ende

Weil i di mog ...

sage ich dir, was ich mir wünsche

Ein Paar soll Bedürfnisse und Wünsche deutlich aussprechen, anstatt im stummen Vorwurf zu bleiben: „Ach, das müsstest du doch eigentlich wissen ...!" Hinter jedem Vorwurf steht ein Wunsch, umso wichtiger ist es Wünsche deutlich auszusprechen und auf Vorwürfe zu verzichten. Den Partnern tut es gut, über die eigenen Sehnsüchte zu sprechen und konkrete Bedürfnisse klar und unmissverständlich zu benennen. Manche haben von klein auf gelernt, Wünsche auszudrücken, ohne dabei ein schlechtes Gewissen zu haben, andere müssen dies nachholen. Auch der beste Liebhaber ist kein Hellseher! Deshalb braucht es deutliche Worte. Nur dann haben Wünsche eine Chance, erfüllt zu werden. Wünsche sind als Wünsche zu formulieren: „Ich möchte gerne wieder einmal mit dir wandern. Am Samstag würde mir das gut passen. Gehst du mit?" Damit ist eindeutig, wer was von wem möchte. Der Wunsch ist klar geäußert und kann erfüllt werden, muss es aber nicht.

Was ich tun kann
- Ich spreche offen über meine Wünsche und Bedürfnisse, und ich gehe niemals davon aus, dass mein Partner sie erahnen können muss.
- Ich drücke deutlich meine Wünsche aus, denn heimliche Wünsche werden unheimlich selten erfüllt.
- Ich formuliere drei Wünsche, die ich an meinen Partner habe.
- Ich erfülle meinem Partner drei Wünsche.
- Wir reden über folgende Aussage von Martin Koschorke: „Wünsche können Ohren öffnen, Befehle und Klagen verschließen sie."

Fragen für unser Gespräch
Was macht es uns schwer, einen Wunsch auszusprechen? Können wir einsehen, dass wir oft selbst mitverantwortlich sind, wenn uns Wünsche nicht erfüllt werden? Frage ich den anderen manchmal direkt nach einem Wunsch? Können wir Wünsche erfüllen? Welche Vorstellungen haben wir von Sauberkeit und Ordnung?

„Partnerschaft ohne Konflikte gibt es nur im Märchen.
Der Ehealltag ist voller Spannungen, die nur teilweise vermeidbar sind."

Fritz Fischaleck

Weil i di mog ...

will ich nicht, was du willst

Konflikte, Spannungen und Meinungsverschiedenheiten gehören wie Freude und Harmonie zu jeder Partnerschaft und können auch Ausdruck von Liebe und Zuneigung sein. Sie machen die Beziehung lebendig und spiegeln etwas von der Dynamik wider, in der zwei Personen, die miteinander leben, stehen. Ungelöste, weiterschwelende Konflikte allerdings können in der Partnerschaft zu einem permanenten Kleinkrieg führen. Zufriedene Paare wissen, dass Konfliktregelung ein Lernprozess ist. Manchmal hindern Verlassenheitsängste und die Sorge vor Liebesentzug die Partner daran, offen ihre auftauchenden Konflikte anzusprechen. Wenn Paare betonen, dass es bei ihnen keine Konflikte gibt, liegt der Verdacht nahe, dass manches nicht offen benannt wird und persönliche Meinungen und eigene Bedürfnisse wenig Platz haben. Das tut einer Beziehung nicht gut. Ein Paar in einer Langzeitbeziehung sollte die Dynamik, die zu einem Konflikt führt, und die Hintergründe des kränkenden Verhaltens kennen und mit Verständnis und Nachsicht Eskalationen Einhalt gebieten.

Was ich tun kann
- Ich mache dem Partner keine Vorwürfe, sonst fordere ich die Verteidigung des Angegriffenen heraus.
- Ich vermeide Verallgemeinerungen, vermeide die Worte „immer" oder „nie".
- Wenn wir nicht einer Meinung sind, bemühen wir uns um Kompromisse.
- Ich will eine mögliche Kritik zum Anlass nehmen, mein eigenes Verhalten zu überprüfen.
- Wir treffen Regelungen, die für beide akzeptabel sind, und sind kreativ in der Konfliktlösung.
- Wir versuchen, Unlösbares auszuhalten.
- Ich will das Problem auch von der anderen Seite betrachten (Was ist das Positive am Konflikt, wovon profitiere ich?).

Fragen für unser Gespräch
Kennen wir die Hintergründe wiederkehrender Konflikte? Wo ist jeder von uns besonders kränkungsanfällig? Welche Kompromisse sind wir bereit, einzugehen? Tragen wir unsere Konflikte so aus, dass wir danach das Gefühl haben, einen Schritt weiter zu sein? Behandeln wir unsere Meinungen und Wünsche gleichwertig?

„In Partnerschaften muss man sich manchmal streiten,
denn dadurch erfährt man etwas mehr voneinander."

Johann Wolfgang von Goethe

Weil i di mog …

will ich (nicht) mit dir streiten

Das Wort Streit löst bei manchen Paaren ein ungutes Gefühl aus, weil sie sich an schlechte oder gar dramatische Erlebnisse erinnern, die sie am liebsten vergessen möchten. Es stimmt, Streit kann zerstörerisch wirken. Wenn jedoch jeglicher Streit aus Angst vermieden wird, entsteht „Friedhöflichkeit" anstatt echtes Wohlwollen. Oft geht es lediglich um unterschiedliche Meinungen, unterschiedliche Bedürfnisse, unterschiedliche Wünsche und unterschiedliche Gefühle, die sich nicht vereinbaren lassen. Wenn Paare betonen, dass es bei ihnen keinen Streit gibt, liegt der Verdacht nahe, dass in ihrer Beziehung so manches zugedeckt wird. Ein Streit kann häufig tiefere Ursachen haben. Paare tun gut daran, bei Verständigungsproblemen ihre persönliche und gemeinsame Geschichte zu ergründen. Manches Liebesleid kann seine Ursache in weit zurückliegenden Verletzungen haben. Es braucht Geduld und Vertrauen, eingefahrene, negative Einstellungen zu verändern.

Was ich tun kann
- Ich will Verhaltensweisen, die mich ärgern, ansprechen anstatt den anderen als Person anzugreifen.
- Ich bin bereit, mich beim anderen zu entschuldigen, den Streit ruhen zu lassen, selbst wenn ich den Streit nicht angezettelt habe.
- Wir lernen, mit unseren unterschiedlichen Wünschen, Meinungen, Wertvorstellungen, Standpunkten umzugehen, indem wir sie uns respektvoll anhören und sie zunächst einfach gelten lassen.
- Nach einem Streit bemühen wir uns um versöhnliche Gesten.
- Wir bemühen uns, Machtkämpfe zu vermeiden.
- Wir versuchen, Lösungen zu finden, bei denen es keinen Sieger und keinen Verlierer gibt.
- Ich nehme mir vor, mich zu beruhigen, bevor ich im Streit zu viel sage, was ich dann bereue.

Fragen für unser Gespräch
Welche Gefühle und Verletzungen stehen hinter unseren Vorwürfen? Wie fühlen wir uns nach einem Streit? Haben unsere Eltern miteinander gestritten, oder haben sie Streit vermieden? Welche Situationen führen in unserer Partnerschaft immer wieder zu Ärger? Macht Streiten mit dem Partner manchmal auch Spaß? Sind wir in der Lage, ein Streitgespräch abzubrechen?

„Die besten Dinge im Leben sind nicht die, die man für Geld bekommt."

Albert Einstein

Weil i di mog ...

sprechen wir über das „liebe Geld"!

Im Beziehungsalltag, in der Bewältigung der alltäglichen Lebenssituationen als Paar oder später als Familie kommt man um das Geld nicht drum herum. Es geht um Einkäufe, um die Begleichung der Miete, um das Abstottern von Krediten, um das Auftanken des Autos, um das Taschengeld der Kinder. Dabei kann Geld in einer Partnerschaft ganz unterschiedliche Rollen spielen: Für die einen ist es schlichtweg Garant für Sicherheit, für andere ist es ein Maßstab für Erfolg und Leistung. Nicht selten wird Geld auch zum Ersatz für Liebe, Anerkennung und Glück und im schlimmsten Fall auch Mittel zur Machtausübung. Geld weist zudem auf den sozialen Status hin und ist Inbegriff für Freiheit und Unabhängigkeit. Über das „Streitthema Geld" kommen verschiedene Partnerschaftsthemen ins Gespräch. Da geht es dann nicht mehr um das Monetäre, sondern um unterschiedliche Überzeugungen und Werte, um Gefühle und Ängste, um alte Verletzungen und störende Verhaltensweisen oder einfach auch um pure Machtspiele. Ausschlaggebend ist dabei eher selten, wie viel Geld jemand hat. Meist geht es einfach darum, dass die Partner unterschiedliche, materielle Bedürfnisse und Erwartungen haben.

Was ich tun kann

- Wir schaffen (schon am Anfang unserer Partnerschaft) klare Verhältnisse in Sachen Geld: dein Geld, mein Geld, gemeinsame Kassa ...
- Wir verschaffen uns einen regelmäßigen Überblick über Einkünfte und Ausgaben mittels einer Paar- oder Familienbuchhaltung.
- Wir reden darüber, wie wir damit umgehen, wenn Vermögens- oder Einkommensverhältnisse sehr unterschiedlich sind, und entscheiden gemeinsam, wer das Geld verwaltet.
- Wir machen uns klar, dass unterschiedliche Einkommensverhältnisse Rücksichtnahme und Bereitschaft zum Teilen verlangen.
- Wir wertschätzen jene (Haus)-arbeit, für die man kein Geld bekommt!

Fragen für unser Gespräch

Reden wir über das „liebe Geld"! Welche Bedeutung hat für uns das Geld? Wie wollen wir damit umgehen, wenn wir ganz unterschiedliche Zugänge zur Sparsamkeit oder zum Genussverhalten haben? Was wollen wir tun, wenn unsere finanziellen Ziele (z. B. ein Haus bauen) ganz und gar nicht übereinstimmen? Wie wollen wir Ausgaben gestalten? Wie und wozu wollen wir sparen?

„Auch wenn Mann und Frau auf dem gleichen Kissen schlafen, haben sie doch verschiedene Träume."

Aus der Mongolei

Weil i di mog ...

mag ich klare Vereinbarungen

Wenn zwei Menschen miteinander leben und ihr Leben gemeinsam gestalten wollen, dann haben sie mit Unterschieden zu rechnen: Unterschiede in ihrer Person, Ungleichheiten in ihren Grundeinstellungen zu Werten und Normen. Unterschiede in ihren Gedanken und Meinungen, Unterschiede in ihren Bedürfnissen und Wünschen, Differenzen in ihren Rollen, unterschiedliche Vorstellungen in ihrer Art, dem Leben Struktur zu geben oder eine Arbeit zu organisieren. Damit sind nur einige Aspekte genannt. Für eine gute Beziehung braucht es zwischen den unterschiedlichen Persönlichkeiten immer wieder klare Vereinbarungen. Sie können grundsätzlich gelten oder veränderbar sein. Wichtig ist es, dass sie partnerschaftlich und fair getroffen werden. Von Zeit zu Zeit sollten gemeinsame Abmachungen überprüft werden, ob sie noch aktuell sind und noch für beide Partner passen.

Was ich tun kann
- Wir bemühen uns, die Grundregeln achtsamen Redens und Verhandelns einzuhalten.
- Wenn es gegensätzliche Lösungsvorschläge gibt, dann wollen wir verhandeln.
- Wir bemühen uns, Verschiedenheit zu akzeptieren.
- Ich sage klar, was ich brauche.
- Ich bin bereit, zurzeit nicht Erfüllbares zu betrauern.
- Wir suchen nach alternativen Möglichkeiten.
- Wir überlegen gemeinsam, ob und was wir in unserer Beziehung verändern wollen.
- Ich will meinen Partner und seine Bedürfnisse respektieren. Das ist Zeichen meiner Liebe zu ihm.

Fragen für unser Gespräch
Wie zufrieden oder unzufrieden sind wir mit unseren Vereinbarungen zu den Themen Kinderbetreuung, Arbeitsteilung, Haushalt, Finanzen, Freizeit usw.? Brauchen wir eine Vereinbarung, wie wir mit unseren Wünschen, Sehnsüchten, Ängsten umgehen? Halten wir uns an getroffene Vereinbarungen?

„Die Muttersprache der Liebe: die Zärtlichkeit."

Ernst Ferstl

Weil i di mog ...

sage ich dir, warum mir Sex wichtig ist

Erotik fängt mit Zärtlichkeit im Alltag an. Dafür braucht ein Paar Zeit und Aufmerksamkeit, die bei den beruflichen und familiären Pflichten leider zu kurz kommen. In der sexuellen Begegnung bestätigen sich beide Partner, dass sie sich miteinander wohlfühlen, dass sie ihre Lust miteinander genießen, dass sie schenken wollen und beschenkt werden möchten. Studien zeigen auf, dass Männer dazu neigen, emotionale Bindung durch Sex herzustellen, wogegen Frauen zunächst eine emotionale Bindung brauchen, um Sex haben zu können. Viele Frauen brauchen vor der Sexualität die Zärtlichkeit, viele Männer werden durch die Sexualität zärtlich. Da braucht es viel Feingefühl und Respekt, um einander nicht zu enttäuschen oder um die Bedürfnisse nicht zu übergehen. Zufriedene Paare können über ihre sexuellen Wünsche und Fantasien reden und wissen, wie sie sich gegenseitig in die aufregende Welt der sexuellen Lust (ver)führen können. So gilt auch für die sexuelle Beziehung, dass man sie pflegen und Räume und Zeiten dafür schaffen muss. Der Wunsch nach sexueller Begegnung jedoch ist sehr unterschiedlich.

Was ich tun kann
- Ich wünsche mir, dass mein Partner meine Gegenwart hautnah ersehnt.
- Ich zeige meinem Partner im Alltag meine Zuneigung mit einem Streicheln, einer Umarmung, einem Kuss.
- Wir verabreden uns zu intimen Begegnungen und sorgen, falls nötig, auch für einen Babysitter. Wir lassen uns Zeit und lernen, die Zweisamkeit zu genießen.
- Ich spreche offen über meine sexuellen Fantasien, Wünsche und Bedürfnisse.
- Ich mache unsere Sexualität nicht davon abhängig, ob das Geschirr schon abgespült ist und die Wäsche auf der Leine hängt.
- Ich bemühe mich, aufmerksam zu sein: Denn interessiert zu sein, wirkt weitaus erotischer, als ständig nur interessant sein zu wollen.

Für unser Gespräch
Mag ich die körperliche Nähe meines Partners? Mag ich, wie mein Partner mich anfasst, berührt und streichelt? Bin ich mit unserer Intimität im weiteren Sinne und mit der Sexualität zufrieden? Sprechen wir über sexuelle Wünsche und Fantasien? Können wir unsere (sexuellen) Bedürfnisse äußern, oder spielen uns stillschweigende Erwartungen einen Streich? Wann ist unsere Sexualität am störanfälligsten? Wie teile ich meinem Partner mit, wenn ich Lust auf Sex habe?

„Es ist nicht entscheidend, dass du deinen Partner zufriedenstellst, sondern dass du dich selbst als Frau oder als Mann ausdrückst."

Tantrische Weisheit

Weil i di mog

Unsere Sexualität verändert sich

Sexualität ist ein Geschenk Gottes für uns Menschen – sonst gäbe es sie nicht! Paare haben deshalb die Verheißung, die intime, sexuelle Begegnung mit dem Partner so zu gestalten, dass Hingabe, Liebe und Glückseligkeit in einem großen Ja zusammenfließen. Nun machen Paare meist die Erfahrung, dass vom leidenschaftlichen, sexuellen Aufschwung der Anfangszeit wenig übrig bleibt und die Lust aufeinander schwindet. In dieser „reiferen" Phase sollte an die Stelle von heftigem sexuellen Verlangen eher der Wunsch nach Nähe, Zärtlichkeit, Intimität und Aufeinander-Bezogensein stehen. Sexualität kann für ein Paar im Laufe der Zeit auch die wunderbare Bedeutung bekommen: „Wir gehören zusammen. Wir drücken unsere Zuneigung auch körperlich aus. Wir finden dafür unsere eigene Form. Wir erwarten nicht den sexuellen Kick oder eine Leistung, sondern bejahen unsere Verbundenheit auch in der Sexualität. Wir schauen, was uns selbst und dem anderen guttut, und bemühen uns, miteinander auch in körperlicher Liebe in Kontakt zu bleiben."

Was ich tun kann
- Ich schaue aufmerksam auf meinen Partner und sage ihm, was mir an ihm (auch körperlich) gefällt.
- Ich achte auf mich selbst und mache mich manchmal schön für mich und meinen Partner.
- Ich achte darauf, dass ich unsere Sexualität im Alltagsgeschehen nicht zu sehr „vergesse", sondern gebe mir immer wieder den inneren Schwung, mich als Frau oder Mann zu zeigen und auszudrücken.
- Ich bleibe beim Thema Sexualität mit mir selbst, mit meinen Vorstellungen, Wünschen und Ängsten in Kontakt und traue mich, meinem Partner etwas davon zu zeigen.
- Wir vereinbaren Zeit für intime Begegnungen, denn diese ereignen sich nicht (mehr) von allein, und wir übernehmen eigenverantwortlich die Initiative dafür.

Fragen für unser Gespräch
Wagen wir es, auch nach längerer „Sendepause" über unsere Sexualität zu sprechen? Erinnern wir uns an die Anfangszeit und an unsere Geschichte sexueller Erfahrungen? Welchen Stellenwert nimmt Sex in unserem Leben und in unserer Beziehung ein? Was brauchen wir, um „in Stimmung" zu kommen?

„Ein Kind ist eine sichtbar gewordene Liebe."

Novalis

Weil i di mog ...

sind wir Eltern geworden

Vielleicht erinnert ihr euch gerne an früher, an die Zeit, bevor die Kinder gekommen sind. Ihr habt viel Zeit miteinander verbracht, den eigenen Bedürfnissen viel Raum gegeben und mehr persönliche Freiheit genossen. Wenn ein Kind da ist, wird aus der Zweierbeziehung eine Dreierbeziehung. Das kann eine Beziehung sehr bereichern. Das kann aber auch zu einer Störung der Beziehung führen, wenn es dem Paar nicht gelingt, Elternbeziehung und Paarbeziehung in Einklang zu bringen. Mit der Geburt eines Kindes sind einschneidende Veränderungen verbunden. Es ist das Kind, das euch zu Mutter und Vater macht. Paare erzählen, dass sich alles verändert hat, seitdem sie Eltern sind. Im Mittelpunkt stehen nun nicht mehr der Partner, die Partnerin, die lebendige Beziehung zueinander, sondern das Kind mit seinen Bedürfnissen ist jetzt wichtiger. Beeinflusst werden die äußere Lebenssituation, der Lebensstil sowie die partnerschaftliche Rollenverteilung bei der Organisation der Familie. Veränderung spürt man auch im Familiensystem: Eltern werden zu Großeltern, Geschwister zu Tanten und Onkel. Nun müssen Eltern bewusst darauf achten, nicht nur als Versorgende und Ernährende wichtig zu sein, sondern als Frau und Mann, als Liebespaar füreinander attraktiv zu bleiben und einander zu gefallen.

Was ich tun kann

- Wir nehmen bewusst an der Lebenswelt des anderen teil, damit wir uns als Paar nicht aus den Augen verlieren. Wir sprechen über unsere Ängste und Befürchtungen.
- Ich setze mich mit meinem eigenen Vaterbild/Mutterbild auseinander.
- Wir organisieren eine faire Arbeitsteilung, mit der wir beide zufrieden sind, uns ebenbürtig und wertgeschätzt fühlen.
- Wir teilen einander offen mit, wie es uns in unserer (neuen) Rolle als Vater/als Mutter geht.
- Wir überlegen, welche Außenkontakte und Unterstützungssysteme besonders gepflegt oder neu aufgebaut werden sollen, damit derjenige, der die Haupt-Familienarbeit leistet, nicht von der Außenwelt isoliert wird.

Fragen für unser Gespräch

Was bedeutet es uns, Eltern zu sein? Wer gibt uns Unterstützung? Was hat sich verändert, seit wir Eltern sind? Wie gelingt es uns, ausreichend Austausch mit anderen über unsere Rolle als Eltern zu pflegen? Gleiten wir in alte Rollenbilder ab? Welche Möglichkeiten haben wir, um uns ausreichend Zeit als Paar zu verschaffen?

„Die Liebe allein versteht das Geheimnis, andere zu beschenken und dabei selbst reich zu werden."

Clemens Brentano

Weil i di mog

Eltern sein – Paar bleiben

Es ist ein wunderbares Gefühl und ein Geschenk, Mutter oder Vater zu sein. Viele Paare sehen in ihrer Elternrolle eine verantwortungsvolle, wertvolle Aufgabe und beschäftigen sich sehr – manchmal allzu sehr – mit ihren Kindern. Nach der Geburt eines Kindes als Paar zu bestehen und zu wachsen, bedeutet, trotz Stress und mangelnder Zeit miteinander, die Aufmerksamkeit füreinander aufrechtzuerhalten, zu sehen, was der andere jetzt braucht. Das erfordert, sich als Liebespaar von den Kindern abzugrenzen und Räume und Zeiten zu schaffen, die das Paar nur für sich hat. Es ist nicht ganz leicht, Mutter und Vater zu sein und dabei Paar zu bleiben. Da kann es auch einmal „kriseln". Eine Herausforderung ist es, den Umgang mit den eigenen Bedürfnissen neu zu regeln und faire Kompromisse zu finden. Niemand darf das Gefühl haben, zu verlieren oder zu gewinnen. Wird dies gemeinsam bewältigt, entsteht ein Glücksgefühl, und die Beziehung wird dauerhaft gestärkt. Es braucht Unterstützung von außen und eine gute Organisation, damit die Paar-Zeiten nicht zu kurz kommen. Kinder können ein starker Beweggrund sein, zusammenzubleiben – dies allerdings meist nur dann, wenn Mann und Frau sich aktiv darum bemühen, auch weiterhin ein Liebespaar zu bleiben.

Was ich tun kann
- Wir sprechen über die Aussage „Ein Kind braucht die Liebe der Eltern zueinander".
- Wir zeigen vor den Kindern, dass wir uns gerne haben: eine Umarmung, ein Kuss, ein „Danke", Wertschätzung.
- Wir sind nicht enttäuscht, wenn alte Rollenbilder (wie die Mutter, wie der Vater zu sein haben), tiefer wirken, als wir es wahrhaben wollen.
- Wir schaffen uns kleine Inseln für einen ungestörten Austausch zu zweit. Kommunikation und Kooperation in der Partnerschaft zählen jetzt noch mehr als zuvor.
- Wir organisieren eine Kinderbetreuung, damit die Paar-Zeiten nicht zu kurz kommen.

Fragen für unser Gespräch
Welches Modell des Zusammenlebens wollen wir verwirklichen? Welchen Einsatz ist jeder bereit, dafür zu leisten? Welche Kompromisse müssen wir dazu eingehen? Wie schwer fällt es uns, Hilfe anzunehmen? Wann erleben wir uns als Liebespaar? Welche Räume und welche Zeiten gehören nur uns?

„Wer vom Glück immer nur träumt, darf sich nicht wundern, wenn er es verschläft."

Ernst Deutsch

Weil i di mog

Kein Paradies – ein PAARadies

Ein Leben zu zweit besteht aus Höhen und Tiefen. Noch nie hat ein Paar ein ganzes Leben in steter Harmonie und Glückseligkeit verbracht – ohne Auseinandersetzungen, ohne Leid, ohne Zweifel. Wer in seiner Beziehung nicht ständig glücklich und zufrieden ist, hat nicht den falschen Partner gewählt, sondern es liegt wohl daran, dass Menschen, die miteinander älter werden und sich verändern, gleichwohl nie zur Vollkommenheit finden können. Veränderung und Wandel, aber auch Alter, Krankheit, Endlichkeit lassen uns erkennen, dass unser reales Leben immer hinter unserer Ursehnsucht nach der absoluten Liebe und Geborgenheit zurückbleiben muss. Dieses endgültige Ankommen ist uns erst im Paradies verheißen. Auf dem Boden des Alltags jedoch liegt es an uns, mit Achtsamkeit und Liebe auf all das zu schauen, was uns in aller Unzulänglichkeit dennoch an Reichtümern in unserer Partnerschaft geschenkt ist. Mit dem Himmel einerseits und der Erde andererseits muss jedes Paar seine eigenen Erfahrungen machen. Wunderbar, wenn sich Partner dafür ein offenes Herz bewahren!

Was ich tun kann
- Ich überfordere mich und meinen Partner nicht durch zu hohe Erwartungen an unsere Partnerschaft. Das fördert den Frust und untergräbt die Zufriedenheit.
- Ich bemühe mich, zu verstehen, was der Partner sich von mir erwartet.
- Wir versuchen trotz der Paradies-Sehnsucht die Realität unseres Lebens anzuerkennen.
- Wir vernachlässigen neben unseren Paradies-Träumen nicht die aktive Gestaltung unserer Beziehung.
- Wir freuen uns über die vielen kleinen Glücksmomente im Alltag.
- Wir machen ab und zu eine reale Bilanz unserer Beziehung.

Fragen für unser Gespräch
Wie sehr weichen unsere frühen romantischen Liebesvorstellungen von der Wirklichkeit ab? Woher kommen unsere „paradiesischen" Vorstellungen (Filme, Romane, Lieder …)? Was erfüllt sich davon im Kleinen? Wovon träumen wir?

„Wenn du es eilig hast, mach einen Umweg."

Aus Asien

Weil i di mog …

mag ich keinen Stress

Oft ist Stress Ursache für Unzufriedenheit, Frust und Konflikte in der Paarbeziehung. Es sind in erster Linie nicht nur dramatische Stressereignisse wie Arbeitslosigkeit, Krankheit oder Todesfälle, die eine Partnerschaft sehr belasten, sondern auch der andauernde Alltagsstress. Oft hoffen Paare, dass ihnen ihre Beziehung einen Ausgleich für den Stress im Beruf oder mit den Kindern schenkt, und sie sind dann doppelt enttäuscht, wenn sie feststellen, dass auch die Pflege der Partnerschaft einen Teil ihrer Energie beansprucht. Es gibt Familienphasen, da gibt es keine andere Wahl, als zu funktionieren. Paare müssen aber achtgeben, den Zeitpunkt nicht zu verpassen, an dem die Beziehung wieder an erster Stelle stehen muss. Es ist nicht der Stress selbst, der eine Paarbeziehung belastet und kaputt macht, sondern vielmehr die Art und Weise, wie ein Paar damit umgeht. Zufriedene Paare haben gelernt, Stress bei sich und beim Partner besser wahrzunehmen und darüber zu sprechen. Sie sind eher bereit, sich gegenseitig bei der Stressbewältigung zu unterstützen und Belastungen gemeinsam anzugehen. Ein guter Umgang mit Stress ist wesentlich für die Zufriedenheit mit der Partnerschaft.

Was ich tun kann
- Ich suche für mich selbst nach einem entspannenden Ausgleich für stressreiche Situationen wie Bewegung, Pausen, kleine Auszeit- und Ruhephasen.
- Wenn ich mich überfordert fühle, teile ich das meinem Partner mit und äußere einen klaren Wunsch.
- Wir suchen gemeinsam nach kleinen Inseln der Entlastung und Freude wie einen Spaziergang, ein frisches Bad, einen Theaterbesuch, Musik hören.
- Wir bestärken einander und erinnern uns an das, was wir schon alles gemeistert haben.
- Wir vergessen besonders in stressigen Zeiten nicht, uns gegenseitig wertzuschätzen und einander auch mit kleinen Gesten Gutes zu tun.
- Wir sind uns bewusst, dass ein Gespräch ohne Vorwürfe, jedoch mit aufmerksamem Zuhören und klaren Ich-Botschaften, gerade in stressigen Zeiten, eine wichtige Voraussetzung ist.

Fragen für unser Gespräch
Was überfordert uns? Wo gehen wir über unsere Grenzen hinaus? Können wir Hilfe annehmen? Von wem sind wir bereit, Hilfe anzunehmen? Wie geht es uns im ganz normalen alltäglichen Zusammenleben? Was stresst uns am meisten? Wie können wir in Stresssituationen einander nahesein und einander unterstützen?

„Auch eine Enttäuschung, wenn sie nur gründlich und endgültig ist, bedeutet einen Schritt vorwärts."

Max Planck

Weil i di mog ...

bin ich ent-täuscht

Paare, die schon lange in einem „gemeinsamen Boot" sitzen, kennen Höhen und Tiefen des Alltags und haben gelernt, damit gut umzugehen. Solche Paare wissen auch, dass so manche Träume und Pläne sich nicht erfüllen können und dass Enttäuschungen nicht ausbleiben. Ent-Täuschung bedeutet Freiwerden von Täuschung. Die „rosarote Brille" der Idealisierung und der zu hohen Erwartungen wird abgelegt, und aus Verliebtheit wächst Liebe. Das Ende so mancher romantischer Erwartungen und Illusionen bedeutet nicht das Ende der Liebe, sondern ihre Chance: Jetzt können sich Partner annehmen und schätzen, wie sie wirklich sind – mit ihren Fähigkeiten und Stärken, aber auch mit ihren Schwächen, Fehlern und Unzulänglichkeiten. Die Angst vor Enttäuschung und Verletzung in einer Beziehung kann aus dem Gefühl heraus entstehen, nicht genügend geliebt zu werden, was auch mit Erfahrungen aus der Kindheit begründet sein kann. In solchen Situationen ist es wichtig, dem Partner deutlich mitzuteilen, wie stark die Gefühle für ihn sind. Durch die regelmäßige Botschaft, geliebt und gewollt zu werden, wird die Angst abnehmen. Das Gefühl der Sicherheit wird durch die Zuneigung und Zärtlichkeit des Partners stark zunehmen. Unabhängig von der Angst, ist das Gefühl von Geborgenheit und Zuneigung in jeder Partnerschaft von großer Bedeutung und sollte gepflegt werden.

Was ich tun kann

- Ich zeige deutlich meinem Partner meine Zuneigung.
- Mir ist klar, dass Enttäuschung mit Gefühlen von Traurigkeit, Niedergeschlagenheit oder auch Unzufriedenheit und Wut auf den Partner einhergeht.
- Manchmal kann ich auch am Gesicht meines Partners und an seiner Körperhaltung ablesen, ob er enttäuscht ist. Dann will ich mit ihm reden.
- Mir ist bewusst: Je höher meine Erwartungen sind, umso stärker ist auch meine Enttäuschung.
- Ich bemühe mich, Enttäuschungen in Wünsche umzuwandeln und sie entsprechend auszudrücken: „Geh bitte mit mir ins Theater!"

Fragen für unser Gespräch

Kennen wir unsere Enttäuschungen, und können wir darüber reden? Welche ist die größte Enttäuschung, seitdem wir zusammen sind? Was gibt uns Sicherheit? Fühle ich mich von meinem Partner geliebt?

Die Reise der Liebenden

Die Reise der Liebenden fängt dort an, wo viele Beziehungen anfangen: Es waren einmal eine Frau und ein Mann. Sie begegneten einander auf einer Party, und der große Raum, in dem das Fest stattfand, lag zwischen ihnen. Sie fühlten sich magisch voneinander angezogen, und als sie sich auf der Tanzfläche in der Mitte trafen, war es um sie geschehen. Noch in dieser Nacht gingen sie Hand in Hand nach Hause. Sie wurden ein Paar und fingen ein neues Leben an, in dem jeder sich bemühte, so zu sein, wie der andere ihn gerne wollte.

Die Frau zum Beispiel hatte, bevor sie den Mann traf, grüne Kleider über alles geliebt. Sie besaß ein hellgrünes, ein dunkelgrünes, ein grünblau schillerndes. Er aber mochte kein Grün, und so hörte sie nach kurzer Zeit auf, diese Farbe zu tragen. Sie warf die Kleider nicht weg, aber sie hängte sie ganz hinten in den Kleiderschrank.

Der Mann wiederum war immer ein bisschen unpünktlich gewesen. Als er merkte, dass die Frau sein Zuspätkommen hasste, strengte er sich unendlich an und schaffte es tatsächlich, immer auf die Minute pünktlich im Restaurant zu erscheinen. So ging das einige Zeit.

Eines Tages sah die Frau in einem Schaufenster das schönste grüne Kleid, das sie je gesehen hatte. Sie stand lange davor, wie ein Kind kurz vor Weihnachten – überwältigt von einem wunderschönen Spielzeug. Sie zögerte eine Weile, aber die Sehnsucht war stärker. Wie unter einem Zwang betrat sie den Laden und kaufte das Kleid. Sie drehte und wendete sich vor dem Spiegel und war unendlich glücklich. Endlich wieder ein grünes Kleid. Sie beschloss, es am Abend bei ihrer Verabredung zu tragen.

Der Mann saß an jenem Tag am Computer und arbeitete an einem Projekt. Es war so spannend, dass er den Wecker, den er sich immer stellte, damit er pünktlich sein konnte, nicht wahrnahm.

Die Frau wartete schon ungeduldig in ihrem grünen Kleid im Restaurant, als der Mann mit einer halben Stunde Verspätung endlich ankam. Sie saßen einander gegenüber und schwiegen lange.

Als sie dann sprachen, sagte sie: „Du bist nicht mehr der Mann, in den ich mich verliebt habe." Und er sagte: „Und du bist nicht mehr die Frau, in die ich mich verliebt habe."

An diesen Punkt gelangen fast alle Paare. Viele trennen sich dann, weil sie nicht verstehen, dass jetzt erst die echte Liebe möglich ist. Was sie bisher im anderen gesehen hatten, war die Projektion ihrer eigenen Wünsche. Jeder der beiden hat sich bemüht, dem Bild des anderen zu entsprechen. Wer wirklich liebt, akzeptiert den Menschen, mit dem er sein Leben verbringen will, so wie er ist. Mit dem grünen Kleid, mit der Unpünktlichkeit, mit allem, was zu ihm gehört. Dann können sich Dinge vielleicht ändern. Aber man kann den anderen nicht zwingen, Teile, die zu ihm gehören, zu unterdrücken.

Geschichte von Paul Rebillot aufgeschrieben von Renate Daimler

„Da muss doch noch Leben ins Leben."

Erika Pluhar

Weil i di mog ...

bin ich für mein Glück selbst verantwortlich

„Ich will mein Leben mit dir teilen, weil ich weiß, dass du mich glücklich machen wirst." Eine solche Mitteilung kann zunächst schmeichelhaft klingen und für den Selbstwert guttun. Auf Dauer führt dies aber in eine Sackgasse. Mit dem Eingehen einer Paarbeziehung dürfen die Verantwortung für das eigene Leben, die eigene Zufriedenheit, das eigene Glück und die eigene Entwicklung nicht aus der Hand gegeben werden. Es ist nicht ein Zeichen von Lieblosigkeit oder von mangelnder Solidarität, wenn man für den Partner diese Verantwortung nicht übernehmen kann und will. Jeder kann und soll den eigenen Teil Verantwortung tragen, es macht ihn attraktiv! Natürlich können sich Paare gegenseitig beim Tragen der Selbstverantwortung unterstützen, einander aufmuntern, dabei helfen, eventuelle Hindernisse aus dem Weg zu räumen, einander ermutigen und die notwendigen Freiräume einräumen. Für sein Glück zu sorgen, bleibt aber lebenslang die Aufgabe jedes Einzelnen, weil Glück, Zufriedenheit und Wachstum für jeden Menschen etwas ganz Individuelles sind. Jeder ist zwar selbst „seines Glückes Schmied", kann aber sehr wohl andere an seinem Glück teilhaben lassen. Es gibt so etwas wie eine gemeinsame Beziehungsverantwortung. Diese gilt es, immer wieder ins Gespräch zu bringen und dafür seinen Teil einzubringen.

Was ich tun kann

- Ich übernehme Verantwortung für meine Gefühle und lasse dem Partner das Recht auf seine Gefühle.
- Ich überlege mir, welche Wünsche ich mir selbst erfüllen kann.
- Wir teilen einander mit, was für uns persönlich ein glückliches Leben, Lebendigkeit ist.
- Ich sorge selbst dafür, dass es mir gutgeht, und mache den Partner nicht dafür verantwortlich.
- Ich betreibe Sport, tanze, mache Musik, entspanne mich, gehe wandern, fahre Rad, schwimme, meditiere, auch wenn mein Partner keine Lust hat, mitzumachen.
- Ich bin mir bewusst: Je besser es mir selber geht, umso weniger erwarte ich mein Glück vom Partner.
- Ich will meinem Partner zeigen und sagen, dass ich glücklich bin.

Fragen für unser Gespräch

Was erfüllt unsere Partnerschaft mit Glück? Welche sind die kleinen Glücksmomente in unserem Beziehungsalltag? Mit wem will ich mein Glück teilen? Wem bin ich für mein Glück dankbar? Welche Tätigkeit schätze ich am anderen? Was tue ich zu meinem Glück?

„Die Liebe zwischen zwei Menschen lebt von den schönen Augenblicken. Aber sie wächst durch die schwierigen Zeiten, die beide gemeinsam bewältigen."

Rainer Haak

Weil i di mog ...

macht mir eine Krise nicht Angst

Partner brauchen Mut, sich einzugestehen, dass sich ihre Beziehung in einer Krise befindet. Manchmal muss Zeit vergehen, bis beide bereit sind, Schwieriges an- und auszusprechen. Eine Beziehungskrise ist aber keine Katastrophe, wenn sie im Zusammenhang mit Wachstum und Reife gesehen werden kann. Sie ist ein Zeichen dafür, dass sich etwas verändert hat oder verändern will. Nun ist das Paar herausgefordert, sich mit der neuen Situation zu beschäftigen. Gefährlich wird es für die Beziehung, wenn ein Paar verstummt, die Realität verdrängt und voreinander flüchtet. Stattdessen sind Gespräche, Einfühlung, Reflexion, viel Geduld und Zeit nötig, damit Entwicklung angestoßen werden kann. Was in einer Beziehungskrise zerbrechen muss, sind nicht die Beziehung, sondern Illusionen und überzogene Erwartungen. Die Krise wird dann zur Chance, wenn man einander mitteilen kann, welche vielleicht veränderten Bedürfnisse und Gedanken man hegt. In Krisenzeiten kann es helfen, sich an die Faszination des Anfangs zu erinnern und zu überlegen, was einen am Partner damals so angezogen hat, was davon im Alltag verloren gegangen ist, was neu belebt oder entwickelt werden sollte.

Was ich tun kann
- Ich benenne meine eigenen Bedürfnisse und bin offen für die des anderen.
- Ich leiste meinen Beitrag, die Krise gemeinsam zu bewältigen, indem ich bereit bin, sie anzusprechen.
- Ich überlege, was ich konkret beitragen könnte, um die Situation zu entlasten.
- Ich spüre nach, welche Gefühle, Bilder, alte Geschichten bei mir durch die Krise aktiviert wurden.
- Ich will einseitige Schuldzuschreibungen vermeiden.
- Wir versuchen, zu verstehen, was in unserer Krise an Entwicklung ansteht, und reden darüber.
- Ich will zwischen dem Ärger, den ich auf meinen Partner habe, und ihm als Person unterscheiden.

Fragen für unser Gespräch

Was verleiht unserer Partnerschaft Sinn? Welche Möglichkeiten zur gemeinsamen Entwicklung gibt es? Was hat die Krise ausgelöst? Machen uns Krisen Angst? Können wir, auch wenn wir aufeinander sauer sind, angenehme Zeit miteinander verbringen? Was hilft uns, Krisen zu überwinden? Brauchen wir Hilfe? Sind wir bereit, Hilfe zu suchen und anzunehmen?

„Der Schwache kann nicht verzeihen.
Verzeihen ist eine Eigenschaft des Starken."

Mahatma Gandhi

Weil i di mog ...

will ich dir verzeihen

Wie sehr du dich auch bemühst, deinem Partner zu gefallen und seine Bedürfnisse zu berücksichtigen, es kommt doch der Augenblick, in dem du etwas Verletzendes tust oder sagst. Kränkungen und Verletzungen sind in einer Paarbeziehung unvermeidbar. Dies fordert unsere Fähigkeit und Offenheit zum Verzeihen heraus. Verzeihen hat mit respektvoller Anerkennung dessen, was geschehen ist, zu tun und mit der Bereitschaft, es danach gedanklich wegzulegen. Verletzungen und Kränkungen lassen sich nicht ungeschehen machen, aber man kann lernen, mit ihnen so umzugehen, dass man nicht in Vorwürfen und Schuldgefühlen stecken bleibt. Verzeihen können erfordert ein Miteinanderreden. Es muss besprochen werden, was passiert ist und wie es auf den Einzelnen gewirkt hat, wie es dem Einzelnen dabei gegangen ist, was ihn verletzt hat. Es geht darum, „sich frei zu sprechen" und „frei gesprochen zu werden". Die Bereitschaft zum Verzeihen soll auch in äußeren Zeichen Ausdruck finden: in der ausgestreckten Hand, dem herzhaften Händedruck, der ausgesprochenen Entschuldigung, in der Umarmung, dem Kuss, dem kleinen Geschenk, in einigen handgeschriebenen Zeilen. Jeder kann es nach seinen Möglichkeiten ausdrücken.

Was ich tun kann
- Ich höre meinem Partner zu, wenn er seinen Schmerz benennt, und zeige Verständnis dafür.
- Ich sage meinem Partner, dass es mir leidtut, ihn verletzt zu haben; die Worte „es tut mir leid" können Wunder wirken.
- Ich überlege, wie eine Wiedergutmachung aussehen kann.
- Ich bin bereit, zu verzeihen, wenn mein Partner sich bei mir entschuldigt.
- Ich mache mir bewusst, dass ich ein wertvoller Mensch bin, selbst wenn mein Partner mir nicht verzeihen kann.
- Wir nehmen uns genügend Zeit, um in Ruhe über das Vorgefallene zu reden.
- Wir geben einander die Chance, das Erlebte von beiden Seiten aus zu beschreiben.

Fragen für unser Gespräch

Was möchte ich dir verzeihen? Wo brauche ich deine verzeihende Haltung? Welche Handlungen möchte ich mir verzeihen? Fällt es uns schwer oder leicht, einander zu verzeihen? Was brauche ich, damit ich verzeihen kann? Welche Zeichen der Wiedergutmachung schätzen wir? Trägt einer dem anderen alte Fehler aus der Vergangenheit nach?

„Heute noch miteinander reden. Zurückgehen,
das Gespräch von Neuem beginnen."

Martin Gutl

Weil i di mog ...

bin ich dir wieder wohlgesonnen

Versöhnung ist durch wertschätzende Haltung gekennzeichnet. Ein versöhnungsbereites Paar zeichnet sich dadurch aus, dass wohlwollende, positive Zuwendungen die kritischen, abwertenden Bemerkungen im Alltag um ein Vielfaches übertreffen. Das alles Entscheidende, das sogenannte „Soll und Haben" des Beziehungskontos, bleibt ausgeglichen. Ein versöhnungsbereites Paar befolgt unbewusst eine Strategie der De-Eskalation in Konfliktsituationen. Auf einen verbalen Angriff, eine Kritik des einen Partners wird vom anderen nicht noch eine draufgesetzt, sondern beide versuchen respektvoll, den Unmut zu benennen, weisen auf eine mögliche Verletzung hin und suchen die Klärung. In versöhnungsbereiten Beziehungen gibt es ausreichend Humor und Offenheit für den Umgang mit Fehlern. Das ist ein gutes Zaubermittel. Einander wohlgesonnene Paare schaffen kleine Pausen in einer Auseinandersetzung, berühren einander auch im Streit, binden Erklärungen ein und schaffen es, einander immer wieder auch positive Signale zu geben wie z. B. „Ich weiß ja, dass es nicht deine Absicht war, ich hab wirklich nichts gegen dich". Paare, die einander zugeneigt sind, bemühen sich um Versöhnung. Versöhnung ist nur zu zweit möglich und ist erlernbar.

Was ich tun kann
- Wenn Versöhnung ansteht, schaffen wir zuerst einen sicheren Rahmen: Wir gehören zusammen und wollen miteinander ins Gespräch kommen.
- Wir suchen in Konfliktsituationen nach beiderseitigen Anteilen: Was ist mein Anteil? Was ist dein Anteil?
- Wir erinnern uns auch in Konfliktsituationen an den Zauber des Anfangs.
- Die Versöhnung ist mir auch etwas wert: einen Verwöhn-Abend, ein gutes Essen, eine kleine Reise ...
- Wir gestalten ein Versöhnungsritual.
- Ich überlege mir eine Wiedergutmachung: Ich koche dir dein Lieblingsessen, ich schenke dir einen Gutschein (siehe S. 122).

Fragen für unser Gespräch
Wie wurde in unseren Herkunftsfamilien mit dem Thema Versöhnung umgegangen? Was möchten wir uns verzeihen? Tun wir uns schwer, zu verzeihen? Was hilft uns dabei, „den ersten Schritt" zu tun? Wie kann ich wiedergutmachen, was ich dir angetan habe?

„Ein gutes Team beherrscht die Kombination
persönlicher Wertschätzung und kritischer Auseinandersetzung."

Peter Siwon

Weil i di mog ...

sind wir ein gutes Team

Wenn sich zwei lieben und emotional einander nahestehen, heißt das noch nicht, dass sie den Alltag auch gut miteinander bewältigen können. Dazu müssen sie ein gutes Team sein. Wenn ein Paar nicht gut kooperiert, kann sich auch eine tiefe Liebe mit der Zeit verbrauchen. Es liegt auf der Hand, dass zunächst jeder für sich verantwortlich ist und für sich sorgen können muss. Die Bemerkung „Das ist dein Problem!" ist allerdings eine der destruktivsten Antworten in einer Paarbeziehung. Dadurch wird der Partner einerseits abgewertet und andererseits im Stich gelassen oder gar bloßgestellt. Das verursacht Enttäuschung und lässt auf Distanz gehen. Als Teil eines Paares ist jeder auch von Problemen des anderen direkt oder indirekt betroffen: Günstig ist es, wenn sich bei Problemen beide in der Problemlösung verbünden. Das stärkt die Beziehung. Ein gutes Team kann kooperieren und verhandeln, und es entwickelt ein gutes Gefühl füreinander. In einem guten Team wird viel miteinander gesprochen, übernehmen beide Verantwortung und trauen sich gegenseitig dies auch zu.

Was ich tun kann
- Wir erzählen einander, wo wir uns gemeinsam über einen Erfolg gefreut haben.
- Ich beobachte, ob ich eher ein Einzelkämpfer oder ein Teamplayer bin.
- Ich erzähle meinem Partner, ob ich zuhause mit meinen Geschwistern eher zusammengespielt habe oder ob wir uns überbieten wollten.
- Wir bemühen uns, zusammen etwas zu unternehmen: gemeinsam essen zu gehen, spazieren zu gehen, die Lieblingssendung im Fernsehen anzuschauen usw.
- Ich unterstütze meinen Partner.
- Wir versuchen, die Aufgaben im Haushalt gleichmäßig aufzuteilen; ist das nicht möglich, erkennen wir das an.

Fragen für unser Gespräch

Was macht ein gutes Team aus? Wie lassen sich diese Merkmale auf unsere Beziehung übertragen? Können wir gut kooperieren, einander ergänzen, uns aneinander angleichen? Welche Vorstellungen von der Aufgabenverteilung haben wir in unserer Partnerschaft?

„Liebe ist eine starke Pflanze. Zugleich ist sie zerbrechlich und zart. Es ist klug, diese Pflanze gut zu hegen und zu pflegen."

Martin Koschorke

Weil i di mog …

tue ich etwas für unsere Beziehung

Eine Paarbeziehung ist kein Selbstläufer. Ohne persönlichen Einsatz wird sie von selber schlechter. Sie ist mit einer Pflanze zu vergleichen, die ständig gegossen und gehegt werden will, um zu wachsen und zu gedeihen. Eine auf Dauer angelegte Beziehung braucht laufend ihre Pflege. Dafür aber braucht es Zeit und Raum. Beides muss sich ein Paar gerade unter den turbulenten Bedingungen des Familienlebens bewusst nehmen. Dabei kann fremde Hilfe notwendig sein. Andere Eltern aus dem Bekanntenkreis übernehmen gerne einmal die Kinder übers Wochenende, und bei Gelegenheit gibt es eine Revanche. Auch die meisten Großeltern sind bereit, einzuspringen, um Mutter und Vater zu entlasten. Ein gemeinsamer freier Abend in der Woche oder im Monat sollte die Bezahlung eines Babysitters wert sein. Worauf es ankommt, ist, dass das Paar Platz und Zeit gewinnt, die Liebe zu pflegen. Nicht zu vergessen: Eine spontane Liebesbekundung kann manchmal Wunder wirken.

Was ich tun kann

- Ich drücke aus, dass mein Partner mir wichtig ist: mit Worten, mit Gesten, durch eine Blume, kleine Geschenke oder Aufmerksamkeiten …
- Ich frage meinen Partner, wie es ihm geht und nehme ernst, was er sagt.
- Ich überlege mir, was ich dem Partner Gutes tun könnte.
- Statt unausgesprochene Erwartungen zu züchten, traue ich mich, einen Wunsch zu äußern: „Bitte erledige für mich …"
- Ich warte nicht auf den ersten Schritt des Partners, sondern übernehme selbst Verantwortung.
- Ich spreche mit meinem Partner über das, was mir an ihm bzw. ihr gefällt und die Beziehung für mich so einzigartig macht.

Fragen für unser Gespräch

Was hat in unserer Beziehung wenig Raum? Was ist für uns wertvoll, und was tun wir dafür? Was möchte ich keinesfalls vermissen? Was liegt uns besonders am Herzen? Was tun wir besonders gerne?

„Liebe ist ein Balanceakt zwischen Schenken und Nehmen, zwischen Hingabe und Selbstbehauptung. Wenn eines von beiden ausfällt, ist die Liebe aus dem Gleichgewicht."

Adolf Sommerauer

Unser Geheimnis: Geben und Nehmen

Für eine dauerhafte Partnerschaft ist es wichtig, dass beide Partner sich gleichermaßen einbringen und dafür sorgen, dass über die Zeit hinweg ein faires Gleichgewicht zwischen Geben und Nehmen besteht. Dabei ist ein emotionales Geben und Nehmen gemeint. Wird ein Partner häufig einseitig mit unangenehmen Aufgaben betraut oder gar ausgenutzt oder wird seine Arbeit nicht wertgeschätzt, kann sich ein Gefühl von Unzufriedenheit, von Ungerechtigkeit oder gar von Ausbeutung einschleichen. Nur eine faire Partnerschaft, in der beide Partner bemüht sind, in die Beziehung zu investieren und zur Bewältigung des Alltags (Beruf, Kindererziehung, Haushalt, Einkäufe …) beizutragen, hat ein langes Leben. Dabei ist es auch wichtig, dass die Partner sich über die gefühlte „Gerechtigkeitsbalance" austauschen, denn oft messen sie bestimmten Ereignissen unterschiedliche Bedeutungen bei.

Was ich tun kann
- Wir sprechen darüber, wie zufrieden wir mit der Verteilung der Verantwortung in unserer Beziehung sind.
- Wir tauschen uns darüber aus, ob wir einander genügend Anerkennung geben.
- Ich teile meinem Partner mit, wie mein innerer Verrechnungsmodus funktioniert.
- Wir machen unsere Beziehung nicht zu einem Kuhhandel nach dem Motto: „Erst wenn du gibst, dann gebe ich auch."
- Wir schauen auf die Motivation und nicht nur auf das Ergebnis.
- Wir teilen einander mit, was wir voneinander bekommen und was wir zu geben imstande sind.

Fragen für unser Gespräch
Finden wir immer wieder in unserer Beziehung einen Ausgleich zwischen Geben und Nehmen? Wie steht es bei uns mit unserer gefühlten Gerechtigkeitsbalance? Was fällt uns leichter, Geben oder Nehmen? Wer gibt bei uns am meisten?

_____

_____

100

Glücksmomente

Ein Mann und seine Frau verließen niemals das Haus, ohne sich vorher eine Handvoll Glassteinchen einzustecken. Sie wollten die schönen Momente des Tages bewusst wahrnehmen, um diese besser zählen zu können.

Bei jeder guten, schönen und positiven Kleinigkeit, die sie während des Tages erlebten, und für alles, was die Sinne erfreute, ließen sie ein Glassteinchen von der rechten in die linke Jackentasche gleiten. Zum Beispiel bei einer lustigen Unterhaltung, wenn ihnen eine Aufgabe glückte, wenn ihnen ein lieber Mensch begegnete, bei einem guten Essen, wenn jemand ihnen eine kleine Aufmerksamkeit entgegenbrachte. Manchmal waren es gleich zwei oder drei Glassteinchen, die in kurzer Zeit die Seite wechselten.

Abends zu Hause zählten sie dann die Glassteinchen aus der linken Jackentasche. Sie zelebrierten die Minuten. Sie führten sich dann vor Augen, wie viel Schönes und Gutes ihnen an diesem Tag begegnet war. Sie – die Frau und der Mann – freuten sich und dankten ihrem Schöpfer. Und sogar dann, wenn sie nur ein Glassteinchen zählen konnten, war es ein gelungener Tag.

Autor unbekannt

„Glückliche Momente, die wir gemeinsam genießen,
sind die schönsten Geschenke des Lebens."

Alexandra Heinrich

Weil i di mog ...

will ich mit dir genießen

Für eine zufriedenstellende Paarbeziehung braucht es eine Ausgewogenheit zwischen Pflicht und Lust, zwischen dem, was der Alltag mühsam fordert, und dem, was als lustvoll, entspannend und genussvoll erlebt wird. Lust hat mit Genuss und Genussfähigkeit zu tun. Eine positive Einstellung zum Alltagsleben der Beziehung selbst macht empfänglich für besondere Augenblicke und dankbar für das Schöne und Gute, das auch der Alltag in sich birgt. Daraus kann ein Gefühl der Zufriedenheit und der Dankbarkeit entstehen. Es hängt vom Einzelnen ab, inwieweit die Bereitschaft und die Sensibilität für das Genießen vorhanden sind und inwieweit er sich die innere Erlaubnis dazu gibt. Bei einer großzügigen Haltung des Partners fällt es leichter, die inneren Wünsche nach dem Lustvollen wahrzunehmen und zu ihnen zu stehen. Der Beziehung tut es gut, wenn ein Paar regelmäßig Formen und Zeit findet, miteinander zu genießen und somit sich auch ein Stück zu verwöhnen. Auch ein schönes sexuelles Erleben hängt von der Fähigkeit und der Bereitschaft ab, gemeinsam zu genießen. Wenn ihr die Bedürfnisse und vielleicht sogar die Träume voneinander kennt, werdet ihr eure ganz persönlichen „Genuss-Inseln" finden.

Was ich tun kann

- Ich spreche mit dem Partner über das, was mir Genuss bereitet.
- Wir planen eine Zeit ein, wo wir uns verwöhnen, und zwar gegenseitig.
- Ich teile meinem Partner mit, was ich ihm Gutes gönne bzw. ihm Gutes tun möchte.
- Ich bereite einen Überraschungsabend (-tag) vor, denn Liebe ist großzügig.
- Ich gönne mir selbst und dem anderen Gutes, wir haben es verdient!
- Ich erschrecke nicht, wenn der Partner ganz andere Vorstellungen von Genuss hat als ich.
- Wir suchen regelmäßig nach Formen des Genießens: Beim gegenseitigen Massieren, beim gemeinsamen Kochen und Essen, beim zärtlichen Gestalten der Sexualität, beim Meditieren, beim Verweilen in der Natur.

Fragen für unser Gespräch

Wie können wir Alltagsstress bewusst hinter uns lassen, damit Beziehungsgenuss überhaupt erst entstehen kann? Über welche Sinne, über Sehen, Hören, Riechen, Schmecken, Fühlen könnte neuer Genuss entstehen? Was genieße ich am meisten? Was und wie oft genießen wir miteinander?

„Kinder und Liebende vergessen die Zeit."

Josef Butscher

Weil i di mog ...

schenke ich uns Zeit

Zufriedene Paare wissen, wie wichtig die Paar-Zeit ist und wie gut ihnen diese Zeit zu zweit tut. Gemeinsam verbrachte Zeit fördert Bindung, weckt Vertrauen und schafft Intimität. Jedes Paar wird miteinander verhandeln und individuell herausfinden, wie viel gemeinsame Zeit es braucht, damit das Wir-Gefühl gestärkt wird. Dabei geht es nicht nur um die Zeitdauer, sondern vielmehr um die Zufriedenheit mit der gemeinsam verbrachten Zeit. Diese Qualitätszeit dient der Festigung der Paarbeziehung. Dazu zählen z. B. gemeinsame Aktivitäten, gemeinsame Spaziergänge, Gespräche mit dem Partner, besondere Momente zu zweit. Partnerzeit soll möglichst oft stattfinden können. Sie ist auch eine Zeit für Austausch über schöne und erfreuliche Erfahrungen. Wenn ein Paar sich genügend Zeit schenkt, ist dies vor allem ein Ausdruck von Wertschätzung dem anderen gegenüber. Gemeinsam verbrachte angenehme Zeit ist das Wertvollste, das sich ein Paar schenken kann. Besonders in jenen intensiven Phasen, die vom Baby- und Kleinkindalltag stark geprägt sind, sind feste Paar-Zeiten notwendig, damit sich Partner nicht aus den Augen verlieren.

Was ich tun kann
- Wir planen fixe Paar-Zeiten einmal in der Woche bewusst ein.
- Wenn wir einen Paar-Abend zuhause verbringen, stellen wir alle Medien ab und sorgen dafür, dass unsere gemeinsame Zeit nicht gestört wird.
- Wenn wir miteinander auswärts essen oder eine Kulturveranstaltung besuchen wollen, organisieren wir abwechselnd diese Paar-Zeit.
- Sollte der geplante Termin ausfallen müssen, wird er so zeitnah wie möglich nachgeholt.
- Wir geben darauf acht, dass die verschiedenen Bedürfnisse zum Zug kommen und organisieren bei Bedarf frühzeitig eine Kinderbetreuung.
- Manchmal nehme ich mir auch Zeit für mich selbst.

Fragen für unser Gespräch
Wie viel Zeit haben wir zu Beginn unserer Beziehung miteinander verbracht? Wie zufrieden sind wir mit unserer gemeinsam verbrachten Zeit? Wie oft schenken wir einander Zeit? Was sind unsere Zeitkiller? Wie viel Zeit haben wir in den letzten Tagen miteinander (als Paar) verbracht?

Der Korb mit den wunderbaren Sachen

Es war einmal ein Mann, der hatte eine wunderbare Rinderherde. Alle Tiere trugen ein schwarzweißes Fell; das war geheimnisvoll wie die Nacht. Der Mann liebte seine Kühe und führte sie immer auf die besten Weiden. Wenn er abends die Tiere beobachtete, wie sie zufrieden waren und wiederkäuten, dachte er: „Morgen früh werden sie viel Milch geben!" Eines Morgens jedoch, als er seine Kühe melken wollte, waren die Euter schlaff und leer. Er glaubte, es habe an Futter gefehlt, und führte seine Herde am nächsten Tag auf saftigen Weidegrund. Er sah, wie die Kühe sich satt fraßen und zufrieden waren, aber am folgenden Morgen hingen die Euter wieder schlaff und leer. Da trieb er sie nochmals auf eine neue Weide, doch auch diesmal gaben sie keine Milch.
Jetzt legte er sich auf die Lauer und beobachtete das Vieh. Als um Mitternacht der Mond weiß am Himmel stand, sah er, wie sich eine Strickleiter von den Sternen heruntersenkte. Auf ihr schwebten sanft und weich junge Frauen aus dem Himmelsvolk herab. Sie waren schön und fröhlich, lachten einander leise zu und gingen zu den Kühen, um sie leer zu melken. Als der Hirt das sah, sprang er auf und wollte sie fangen. Die Frauen aber stoben auseinander und flohen zum Himmel hinauf. Es gelang ihm aber, eine von ihnen festzuhalten, die allerschönste. Er behielt sie bei sich und machte sie zu seiner Frau.

Täglich ging von da an seine Frau auf die Felder, während er weiterhin das Vieh hütete. Die gemeinsame Arbeit machte sie reich, und sie waren glücklich. Eines aber quälte ihn: Als er seine Frau eingefangen hatte, trug sie einen Korb bei sich. „Niemals darfst du da hineinschauen!", hatte sie gesagt. „Wenn du es dennoch tust, wird uns beide großes Unglück treffen."

Nach einiger Zeit vergaß der Mann sein Versprechen. Als seine Frau heimkehrte, wusste sie sofort, was geschehen war. Sie schaute ihn an und sagte weinend: „Du hast in den Korb geschaut!" Der Mann aber lachte nur und sagte: „Du dummes Weib, was soll das Geheimnis um diesen Korb? Da ist ja gar nichts drin!" Aber noch während er dies sagte, wendete sie sich von ihm ab, ging in den Sonnenuntergang und ward auf Erden nie wieder gesehen.
Und wisst ihr, warum sie wegging? Sie ging nicht, weil er sein Versprechen gebrochen hatte; sie ging, weil er die schönen Sachen, die sie für ihr beider Leben vom Himmel mitgebracht hatte, nicht sehen konnte und darüber sogar noch lachte.

Aus Afrika

„Rituale sind wie ein Stopp-Schild für unser Leben und unsere rotierende Gesellschaft."

Lukas Niederberger

Weil i di mog ...

schätze ich unsere Rituale

Rituale tragen dazu bei, die innere Einheit, das „gewisse Etwas" zu finden, das eine Paarbeziehung so einzigartig macht. Rituale wecken im Menschen schöpferische Kräfte und sind eine große Hilfe, um mit neuen Situationen umzugehen und auch sie besser zu bewältigen. Kleine Alltagsrituale wie ein bewusster Kuss am Morgen oder ein Versöhnungsritual nach einem Streit geben Halt und Sicherheit. Der abendliche Spaziergang eines Paares dient nicht nur der Gesundheit und körperlichen Entspannung, sondern auch der Beziehungspflege und dem emotionalen Austausch. Beziehungsrituale lassen Intimität entstehen. Rituale können auch eine spirituelle Dimension haben. In ihrer Ganzheitlichkeit tragen sie dazu bei, dass Paare im Beziehungsalltag religiöse, Sicherheit bietende, vertrauenschaffende Erfahrungen machen. Viele von uns kennen die ermutigende und verbindende Wirkung der feierlichen Rituale bei kirchlichen Festen im Laufe des Jahres, aber auch bei Ereignissen wie Taufe, Trauung, Begräbnis und erfahren dadurch Zusammenhalt und Freude oder auch Trost und Hoffnung.

Was ich tun kann
- Wir erfinden gemeinsam neue Rituale, die für unsere Situation stimmig sind.
- Wir pflegen unsere Rituale – z. B. das gemeinsame ausgedehnte Frühstück am Wochenende, die wichtige Frage am Abend: „Wie war dein Tag?", eine brennende Kerze – um miteinander die Stille des Abends zu genießen, ein gemeinsamer Dankspruch am Ende des Tages, aber auch das Aneinanderkuscheln vor dem Einschlafen.
- Wir reden darüber, welche Rituale wir von unseren Ursprungsfamlien übernehmen wollen.
- Wir besprechen, welche religiösen Rituale uns wichtig sind.
- Ich teile meinem Partner mit, welches Ritual ich mir für den Jahrestag/Hochzeitstag wünsche.

Fragen für unser Gespräch
Welche Rituale pflegen wir besonders gerne? Welches Ritual gibt uns am Jahrestag/Hochzeitstag Stabilität und Halt? Welche Rituale in unserer Partnerschaft erleben wir als stimmig? Welche Veränderungsprozesse in unserer Partnerschaft können wir mit einem Ritual verbinden?

„Lass Liebe auf uns regnen, lass es gießen und uns segnen,
lass uns immer neu begegnen, lass es immer so sein."

Reinhard Mey

Weil i di mog …

will ich dir zum Segen sein

Liebende möchten gut zueinander sein, einander Gutes tun und sich beschützen. Sie lassen über den Geliebten „nichts kommen". Ihre Liebe ist ihnen heilig. Liebespaare versuchen, sich im Zeichen der Liebe unter einen guten Stern zu stellen, sich ihrer zu versichern. Die Liebe nimmt mit Haut und Haar gefangen und verwandelt Menschen in Sehnsüchtige. Liebe weckt starke Kräfte, sie führt sowohl in den siebten Himmel als auch in tiefste Abgründe. Sie macht Menschen berührbar und distanziert, stark und dünnhäutig, unverletzlich und zerbrechlich, sprachlos und gesprächig. Sie beflügelt und lässt staunen. Da wird die Sehnsucht nach Segen spürbar, von Gott gehalten und begleitet zu werden, um auch selber in der Art des Umgangs und der Begegnung füreinander ein Segen zu sein. Liebende brauchen Vertrauens- und Hoffnungszeichen auf ihrem Weg. Einander segnen bedeutet, das erste Ja des Lebens, das Gott zu uns gesprochen hat, zu erneuern. Indem wir einander segnen (Hände auflegen, Kreuz auf die Stirn zeichnen), sprechen wir einander Gutes zu und tun es auch. Wenn Paare einander segnen, ist dies Ausdruck einer tiefen Beziehung zwischen ihnen und Gott und schenkt Mut und Vertrauen, den guten, gemeinsamen Weg weiterzugehen.

Was ich tun kann
- Ich bringe meinem Partner eine gute Nachricht und freue mich mit ihm darüber.
- Ich nehme meinen Partner in die Arme und spüre voll Dankbarkeit seine Nähe. Ich sage ihm: „Du bist ein Geschenk des Himmels."
- Ich erzähle meinem Partner, was mir an ihm guttut.
- Wir wollen einander segnen (ein Kreuzzeichen auf die Stirn vor dem Einschlafen, vor dem Verlassen des Hauses). Das erinnert uns daran, dass wir von Gott geliebte Kinder sind.
- Wir zünden am Abend in Ruhe eine Kerze (z. B. die Hochzeitskerze) an und erzählen, wie wir füreinander ein Segen sein können.
- Wir bitten Gott um seinen Segen für uns (und für unsere Kinder).

Fragen für unser Gespräch
Können wir uns an Segensformen in unserer Ursprungsfamilie erinnern? Welche Zeichen der Liebe, des Glückes sind uns besonders wichtig? Wie erfahren wir, dass wir einander ein Segen sind? Welchen Einfluss kann ein „Gesegnetsein" auf unser tägliches Leben haben? Welche Segensfeiern sind uns wichtig? Wie erfahren wir Gottes Segen?

„Dann wieder bist du mir nah wie Wasser, das mich ganz und gar umgibt. Unlängst hab' ich dein Atemholen belauscht – Gott zeigt sich mir in dir: ‚Ich hab dich lieb'."

Hejo Müller

Weil i di mog …

weiß ich, dass Gott sich mir in dir zeigt

Wenn ein Paar eine gemeinsame Spiritualität pflegt, kann dies eine Quelle von Lebendigkeit sein. Jedes Paar macht die Erfahrung von Begrenztheit, Endlichkeit, Schuld, Krankheit und Tod. Ein Paar, das die Erfahrung des christlichen Glaubens kennt, trägt eine Hoffnung in sich, in solchen Situationen nicht allein zu sein. Es kann sich auf die schmerzlichen Erfahrungen des Lebens einlassen, im Vertrauen auf einen Gott, der den Menschen im Glück und im Leid ganz nahe ist. Ein Paar, das sich mit dem Glauben beschäftigt, ist offen für Gottesbegegnung im Alltag: in Zärtlichkeit und leidenschaftlicher Begegnung, in der fairen Auseinandersetzung bei Meinungsverschiedenheiten, im regelmäßigen Gespräch als Mittel der klaren Verständigung, im Akzeptieren der Andersartigkeit des Partners, im Planen der gemeinsamen Zukunft. Ein glaubender Mensch kann auch den Fragen nachgehen: „Wie hat Gott meinen Partner gedacht? Was will er mir durch diesen besonderen Menschen an meiner Seite sagen?"

Was ich tun kann
- Wir erzählen einander, welche Erfahrungen wir mit dem Glauben gemacht haben, z. B. prägende Erlebnisse aus der Kindheit und Jugend.
- Wir tauschen uns darüber aus, wie christliche Spiritualität uns bereichern kann.
- Wir benennen Gemeinsamkeiten und Unterschiede in den religiösen Vorstellungen.
- Wir teilen einander mit, welche Formen der Spiritualität uns viel bedeuten.
- Wir erzählen einander, welche die Ursehnsüchte unseres Lebens sind.
- Wir respektieren unterschiedliche Erfahrungen mit dem Glauben.

Fragen für unser Gespräch
Können wir über unsere spirituellen Wünsche und Erfahrungen sprechen? Wie viel Raum nimmt Spiritualität in unserem Leben ein? Ist zwischen uns ein Unterschied spürbar? Wie ist die religiöse Prägung durch unsere Ursprungsfamilien? Welche Zeichen des Glaubens sind uns wichtig?

„Unsere grenzenlose Sehnsucht nach totaler Annahme
geht über alles Menschenmögliche hinaus und verweist auf Gott."

Conrad M. Siegers

Weil i di mog …

will ich mit dir glücklich sein

Manche Menschen erwarten heute von einer Zweierbeziehung das Lebensglück schlechthin. Mitten in unserer manchmal anonymen und kalten Welt scheint das kleine Glück zu zweit den Himmel auf Erden zu versprechen. Freundschaft und Partnerschaft werden leicht zum Zufluchtsort inmitten von Zukunftsangst, Beziehungsarmut und Sinnverlust. Das kann eine Beziehung überfordern, denn auch liebende Menschen können sich diese tiefe Sehnsucht nach bleibendem Glück nicht erfüllen. Glück ist immer nur punktuell möglich. Glückliche Paare wissen, dass das Glück nicht festzuhalten ist. Glück zu besitzen, ist nicht möglich, wohl aber, Glück zu teilen. Das Glück kommt und geht – es ist auf einmal da und dann wieder weg, so wie Ebbe und Flut. Auch in einer Paarbeziehung wird Glück geschenkt, ganz unerwartet immer wieder ganz neu, ganz anders.

Was ich tun kann
- Ich lerne, kleine Glücksmomente zu schätzen wie z. B. ein gutes Gespräch, eine erledigte unangenehme Aufgabe, einen schönen Sonnenuntergang.
- Ich überlege, was meinem Partner zu seinem Glück fehlt.
- Ich übernehme Verantwortung für mein Glück und erwarte nicht alles von meinem Partner.
- Wir sprechen darüber, was unsere Liebe wieder auf Glückskurs bringen kann.
- Wir erinnern uns daran, dass kleine Aufmerksamkeiten im Alltag (eine Umarmung, eine kleine Überraschung, ein Versöhnungswort …) Wunder wirken.
- Wir gehen miteinander einen Besinnungsweg.

Fragen für unser Gespräch
Können wir über unsere tiefsten Sehnsüchte reden? Welche sind unsere besonderen Momente, an die wir uns gerne erinnern? Was bedeutet für uns Glück? Wie hat sich das im Lauf der Zeit verändert? Wie können wir einander glücklich machen? Kennen wir glückliche Menschen?

_____

_____

„Die Erfahrung lehrt uns, dass Liebe nicht darin besteht, dass man einander ansieht, sondern dass man gemeinsam in die gleiche Richtung blickt."

Antoine de Saint-Exupéry

Weil i di mog ...

finden wir gemeinsame Lebenswelten

Wenn ein Paar allzu sehr aufeinander fixiert ist, beginnt irgendwann, etwas zu fehlen, und es machen sich in der Beziehung Langeweile und Unzufriedenheit breit. Liebe will genährt werden von gemeinsamen Zielen, Erlebnissen, Interessen und Anliegen, auch jenseits der Familie. Zwei Menschen können auf Dauer nur wirklich befriedigend zusammenbleiben, wenn es ihnen gelingt, gemeinsame Sinn- und Lebenswelten zu schaffen. In diesem Zusammenhang sind folgende und ähnliche Fragen wichtig: Was gibt dem Leben Sinn? Welche Lebenseinstellungen prägen unseren Beziehungsalltag? Wofür wollen wir uns einsetzen? Es ist sehr wichtig, dass Paare schon von Anfang an verschiedene Formen eines „Höheren", das über die Beziehung hinausweist, entwickeln und pflegen. Sich miteinander auf etwas „Wertvolles" auszurichten, gibt der Beziehung Tiefe und dem Leben Sinn. Dadurch kann sich ein Paar auch in eine größere Gemeinschaft eingebettet fühlen.

Was ich tun kann
- Ich ergreife die Initiative, sammle Ideen und gebe Anregungen für Gemeinsamkeiten, Unternehmungen und Zärtlichkeiten.
- Wir sind bereit, uns auch mit tieferen, philosophischen, sozialen, politischen und spirituellen Fragen zu befassen.
- Wir setzen uns für soziale und/oder politische Anliegen ein.
- Wir pflegen (auch) einen gemeinsamen Freundeskreis.
- Wir bemühen uns um ein gewisses Maß an Kreativität, produktiver Anstrengung und Aktivität wie z. B. Wandern statt Fernsehen.
- Wir teilen gemeinsame spirituelle Erlebnisse.
- Wir tragen gemeinsam Verantwortung für die Erziehung unserer Kinder.

Fragen für unser Gespräch
Wie gleich oder wie verschieden sind unsere Wertvorstellungen? Haben sich diese im Laufe unserer Beziehung verändert? Was ist für uns besonders wertvoll? Welche gemeinsamen Aktivitäten sind für uns besonders wichtig? Welche Rolle spielen gemeinsame Freunde?

„Die Ehe ist eine permanente Entdeckungsreise."

Søren Kierkegaard

Weil i di mog

Bei uns ist es leer geworden

Am Anfang einer Beziehung genügt ein Paar meistens sich selbst. Diese innige Verbindung des „Beziehungsfrühlings" verändert sich häufig durch die Geschäftigkeit und den Trubel im späteren Beziehungsalltag. Durch die vielen Verpflichtungen, die Erziehung der Kinder, die Herausforderungen im Beruf wird das Band, das die beiden verbindet, manchmal dünner. Oft stellt sich schleichend eine Entfremdung ein. Manchmal bemerken Paare das erst, wenn die Kinder aus dem Haus sind und die meisten der größeren Lebensaufgaben abgeschlossen sind. Jetzt entdecken Partner, dass sie in all den Jahren einander fremd geworden sind und nur mehr wenig Verbindendes da ist. Dem muss ein Paar rechtzeitig vorbeugen, indem die Beziehungspflege nicht vernachlässigt wird. Die Zeit des „leeren Nestes" kann auch eine neue Chance sein, sich wieder anzunähern, einander neu in den Blick zu nehmen und wieder das zu pflegen, was man lange aus Rücksicht zu den Kindern beiseitegestellt hat.

Was ich tun kann

- Wir nützen die Zeit zur Um- und Neuorientierung. Dazu müssen wir viel miteinander sprechen.
- Wir erfüllen unser Zusammenleben wieder neu mit Sinn: gemeinsame Aktivitäten, soziale Projekte, gemeinsame Hobbys, kulturelle Aktivitäten …
- Wir pflegen schon in der Familienphase – über die Kinder und das tägliche Familienmanagement hinaus – gemeinsame Interessen.
- Wenn die Kinder aus dem Haus sind, nützen wir die Chance wieder neu, „zu zweit allein" zu sein.
- Wir sprechen darüber, wie es uns jetzt in dieser neuen Situation geht.

Fragen für unser Gespräch

Was hat sich verändert, seit die Kinder „aus dem Haus" sind? Was gibt es in unserer Beziehung wieder neu zu entdecken, zu erobern, zu erkunden? Was kann wieder neu ins Blickfeld kommen? Was ist das „Ungelebte" in unserem Leben (soziales Engagement, Fortbildung, neue Hobbys, Freundschaften)?

_____

_____

„Wer den anderen liebt, lässt ihn gelten, so wie er ist, wie er gewesen ist und wie er sein wird."

Michel Quoist

Weil i di mog,

will ich ...

Partner, die in ihrer Paarbeziehung zufrieden und miteinander glücklich sind, brauchen sich ihre Beglückung nicht auswärts zu suchen. Sie sehen sehr wohl, dass es „draußen" auch interessante Menschen gibt, vielleicht sogar, dass andere in bestimmten Bereichen mehr zu bieten haben als der eigene Partner. Solange sich zwei jedoch in ihrer eigenen Beziehung wohlfühlen, ausreichend füreinander Sorge tragen und aufeinander schauen, sind sie nicht so sehr auf Bestätigung und Befriedigung von „außen" angewiesen. Ein Schritt nach außen kann dem anderen wehtun und das Vertrauen gefährden. Im Laufe einer Partnerschaft können sich zwischen den Partnern Enttäuschungen, unerfüllte Sehnsüchte, Vorwürfe und Ärger anhäufen. Werden diese nicht rechtzeitig und offen benannt, ist es naheliegend, dass sich der Partner zurückzieht. Heimlich schaut sich der Partner dann woanders um und findet auch jemand anderen. Zufriedene Paare wissen, dass sie wach bleiben müssen, um die eigenen Bedürfnisse und die des Partners wahrzunehmen, sie zu benennen und sie aufeinander abzustimmen.

Was ich tun kann
- Wir sprechen darüber, was uns aneinander guttut.
- Wir nehmen uns Zeit für eine ehrliche Auseinandersetzung mit unserer Partnerschaft.
- Ich teile meinem Partner mit, wie es mir mit ihm geht.
- Ich gebe meinem Partner die Gelegenheit, seinen Ärger auszusprechen. Das muss nicht bedeuten, dass ich ihm zustimme.
- Ich bemühe mich, die Bedürfnisse des Partners wahrzunehmen und meine eigenen zu benennen.
- Wir bemühen uns, den gemeinsamen Weg nicht zu gefährden.

Fragen für unser Gespräch
Was bedeutet mir das Tragen von Verantwortung für jemanden, den ich gerne habe? Habe ich schon einmal Trennungsgedanken gehabt? Können wir offen und ehrlich miteinander umgehen? Welche sind unsere heimlichen Gedanken und/oder Wünsche?

Ein Geschenkgutschein für dich!

Liebende haben das Bedürfnis, einander zu beschenken, und wollen damit ausdrücken, wie wichtig sie füreinander sind. Besondere Geschenke sind jene, die von Herzen kommen. Ein Gutschein für ein besonderes persönliches Geschenk kann eine schöne Überraschung sein, die der Beziehung sehr gut tut. Spart nicht damit, einander Zeichen der Wertschätzung und Liebe zu geben.
Die Gutscheine nebenan sind eine konkrete Anregung, euch immer wieder zu überraschen und einander zu beschenken.

Ich wünsche euch eine schöne Zeit zu zweit!

Euer

Danksagung

Bedanken möchte ich mich bei den vielen Paaren, denen ich in meiner Arbeit als Referent und Berater begegnet bin. Durch sie habe ich entdeckt, wie wichtig es ist, jeder Lebensgeschichte achtsam und respektvoll zu begegnen. Ich danke jenen, die mich beim Entstehen des Buches unterstützt haben – im Besonderen für ihre fachliche Kompetenz: Psychotherapeutin Dr. Margit Pixner Oberhuber, meinen Kolleginnen aus der Eheberaterausbildung Dr. Adrienne Ochsner Trissl, Dr. Elisabeth Dreissig, Dr. Irene Goltsche und Irmgard von Nertzdorff. Danken will ich Manuela Egger von EGAL GRAPHICS für die liebevolle Gestaltung des Buches und dem Fotografen Stefano Favaretto für die schönen Bilder.

Für eine besondere Überraschung

von .... für ....

am .... in ....

Unterschrift
....

Für ein gemütliches Abendessen

von .... für ....

am .... in ....

Unterschrift
....

Für ein Wochenende zu zweit

von .... für ....

am .... in ....

Unterschrift
....

Für ein Geschenk zum Selberwählen

Für ein Geschenk zum Selberwählen

Für einen besonderen Abend zu zweit

von _____ für _____
am _____ in _____
Unterschrift
_____

Für
_____
von _____ für _____
am _____ in _____
Unterschrift
_____

Für
_____
von _____ für _____
am _____ in _____
Unterschrift
_____

Verwendete Literatur

- Bodenmann, Guy/Fux, Brändli, Caroline: Was Paare stark macht. Das Geheimnis glücklicher Beziehungen. Beobachter-Edition, Zürich 2013
- Bodenmann, Guy: Stress und Partnerschaft. Gemeinsam den Alltag bewältigen. Bern, Göttingen, Toronto, Seattle 2000
- Clement, Ulrich: Wenn Liebe fremdgeht: Vom richtigen Umgang mit Affären. Ullstein Verlag, Berlin 2010
- Daimler, Renate: Rituale und Orte der Kraft. Geheimnisvolle Begegnungen © Deuticke im Paul Zsolnay Verlag, Wien 2002
- Engl, Jochen/Thurmaier, Franz: Wie redest du mit mir? Fehler und Möglichkeiten in der Paarkommunikation. Herder Verlag, Freiburg 1992
- Fischaleck, Fritz: Lass uns miteinander reden. Offenheit und Fairness in der Partnerschaft. Herder Spektrum, Freiburg 2003
- Jellouschek Hans: Achtsamkeit in der Partnerschaft. Was dem Zusammenleben Tiefe gibt. Kreuz Verlag, Stuttgart 2011
- Jellouschek, Hans: Die Kunst, als Paar zu leben. Kreuz Verlag, Stuttgart 2003
- Jellouschek, Hans: Liebe auf Dauer. Die Kunst, ein Paar zu bleiben. Kreuz Verlag, Stuttgart 2005
- Jellouschek, Hans: Wie Partnerschaft gelingt. Spielregeln der Liebe. Herder Verlag, Freiburg 1998
- Koler, Peter/Ladurner, Christa/Fiung, Toni: Eltern sein, mit Kindern wachsen und reifen. Athesia Verlag, Bozen 2009
- Koschorke, Martin: Wie Sie mit Ihrem Partner glücklich werden, ohne ihn zu ändern! Führerschein für Paare. Kreuz Verlag, Freiburg 2011
- Möller, Michael Lukas: Die Liebe ist das Kind der Freiheit, Rowohlt Verlag, Frankfurt 1986
- Möller, Michael Lukas: Die Wahrheit beginnt zu zweit: Das Paar im Gespräch, Rowohlt Verlag, Frankfurt 1988
- Orbuch, Terri L.: Die fünf Geheimnisse glücklicher Paare. Verblüffende Erkenntnisse aus über 20 Jahren Forschung. Goldmann Verlag, München 2011
- Peirano, Julia/Konrad, Sandra: Der geheime Code der Liebe. Entdecken Sie Ihr Beziehungs-Ich, und finden Sie den richtigen Partner. List Verlag, Berlin 2011
- Tiedemann, Friederike von: Das Geheimnis dauerhaften Glücks. Leitsterne für Paare. Kreuz Verlag, Stuttgart 2011
- Zurhorst, Eva Maria: Liebe dich selbst, und es ist egal, wen du heiratest. Arkana Verlag, München 2007

**STIFTUNG
SÜDTIROLER SPARKASSE**

Wir stiften Kultur